El poder de tu historia

Con mucho cariño, espero que te traiga muchas bendiciones

Dec 24 2019
Sofia

Una aventura creativa para
enriquecer tu vida

El Poder de tu Historia

Susana Silva V.

Copyright ©2018 Susana Silva V.

Derechos reservados

ISBN: 9781694794246

A la Fuente, de donde todo proviene.

A JoseMa, Catalina y Federico, mis amores y maestros.

A la memoria de mis padres.

A Bruno, fiel compañero, claro ejemplo del amor incondicional.

Y finalmente, a Amelia, clímax de mi propia historia.

TABLA DE CONTENIDOS

¿Dónde está el poder de una historia? 1
   La aventura creativa 3
      Tres, dos, uno... ¡Grabando! 5
      ¿Por qué hablo de esto? 7
      Estructura del libro 9
Protagonista de tu historia 17
   La transformación 19
      La ficción como camino 20
      ¿Quiénes viven las historias? 22
      ¿De qué clase de poder hablamos? 24
      El arco de transformación 27
      ¿Quién se transforma? 31
   La búsqueda 47
      Dimensión de la búsqueda 53
   Los personajes 61
      El Protagonista 63
      El Antagonista 72
      Otros personajes arquetípicos: 75
¡Manos a la obra! Un viaje en tres actos 87
   Despierta: ¡Abraza la aventura! 89
      Primera habilidad: Observar 94
      Segunda habilidad: Abrir la mente 101
      tercera habilidad: Dudar de la duda 109
      Cuarta habilidad: Confiar 121
      Quinta habilidad: 129
   Crece: Tiempo de actuar 135
      Sexta y séptima habilidades: Acercarse y prepararse
      136
      Octava habilidad: Desafiar 151
      Novena, décima y undécima habilidades:
      Elegir, decidir, actuar 159
      Decimosegunda habilidad: Afirmarse 173
   Trasciende: Un mundo nuevo 179
      Decimotercera habilidad: Soltar 179
      Decimocuarta y decimoquinta habilidades:
      Entregarse y manifestarse 187

Decimosexta habilidad: Compartir 201
Anexos 207
Anexo 1..209
    Abraham Maslow – Jerarquía de Necesidades 209
    Manfred Max Neef – 210
    Necesidades según categorías axiológicas y existenciales. 210
Anexo 2..213
    Necesidades – Sentimientos asociados. Centro para la Comunicación No Violenta, ...213
Agradecimientos 217
Acerca de la autora: 219

¿DÓNDE ESTÁ EL PODER DE UNA HISTORIA?

Susana Silva V.

LA AVENTURA CREATIVA

Hace un tiempo me encontré con unos amigos a quienes no veía desde hacía varios años. Durante cerca de tres horas intercambiamos chistes, posturas ideológicas y políticas, y fuimos profundizando poco a poco en lo que nos había pasado desde que dejamos de vernos. Hablamos de nuestra vida profesional, de nuestras relaciones con otros y de las expectativas que teníamos sobre el futuro. Uno de mis amigos musitó entre dientes, con el acento característico de un personaje de sátira política muy famoso en la televisión colombiana: "Lo mismo que antes…". Esta frase sarcástica –que rimaba con "El mundo al instante", un segmento que se presentaba en las salas de cine antes de la existencia de la televisión– se había hecho famosa porque mostraba con hechos noticiosos la tendencia a repetir la historia; la individual, la grupal, la colectiva… El humorista político la había usado para dejarnos ver que nada pasaba, y que simplemente 'pedaleábamos sin cadena' –para utilizar una frase que significa no movernos del lugar donde estamos a pesar del esfuerzo invertido.

Mi amigo tenía razón: habíamos cambiado el libreto, los nombres de los personajes, el set, los aromas y la forma de vestir, pero la esencia de nuestras historias individuales parecía dar círculos interminables sobre el mismo eje. ¿Qué tal si no se tratara de círculos sino de movimientos ascendentes o descendientes en una espiral? ¿Qué tal si tan sólo mirando los componentes de la espiral pudiéramos determinar qué lecciones de la vida podríamos dar por aprendidas, qué decisiones podríamos tomar para entendernos mejor y ser más felices? Tal vez la espiral estaba enseñándonos cómo podríamos ser más compasivos con nosotros mismos y con los demás para hacer de esta vida una experiencia iluminadora.

Con lápiz y papel, o con el teclado de un computador, la aventura creativa que propone este libro conduce a un territorio interior, profundo, donde ya existe todo lo que somos o queremos ser.

Se trata de un viaje en la quietud que nos lleva al interior de la propia conciencia para reconocer la riqueza de la vida a través del relato, el análisis, y la re-creación de los hechos, sus circunstancias y símbolos externos. Esta nueva narrativa de nosotros mismos nos expone cara a cara con nuestra vulnerabilidad, nos conecta con nuestras emociones, desenmascara el origen de nuestras vergüenzas y nos alienta a ser como realmente somos –auténticos– para que podamos abandonar con fluidez la condición de víctimas y apropiarnos de nuestra herencia divina.

Una aventura de este calibre es ante todo una exploración espiritual. No religiosa. Se aleja del terreno de lo mágico y de la ritualidad para ofrecernos una inmersión en lo sagrado –nuestra verdadera naturaleza– que compartimos con todos y todo lo que nos rodea. Lo sagrado se expresa y los actos humanos son un vehículo de expresión.

TRES, DOS, UNO... ¡GRABANDO!

Silencio total. Sólo se oyen el reverberar del aire tropical y la sinfonía de naturaleza exuberante de los pequeños pueblos colombianos. Todo el equipo de producción entra en una especie de trance de tres o cinco segundos. Frente a nosotros hay una mujer sentada en el banco de un parque dispuesta a hablar de su experiencia como tejedora de fique. Habla de cómo aprendió su oficio y de cómo lo transmite a sus hijos. Lentamente la conversación se desvía hacia su historia personal, hacia la intimidad de sus sentimientos y recuerdos. Nos cuenta acerca de sus sueños cuando era niña, del rol que cumplieron sus madres y padres en la sed de infinito que la acompaña desde pequeña, de la pérdida de su hermano y de los sentimientos de culpa que tiene hacia él, como si en sus manos hubiera estado la posibilidad de evitar que se ahogara en el río... En un extremo acto de generosidad, nos deja ver su Ser, su alma.

En el trayecto por una geografía rica en contrastes y vida, oímos las historias de hombres y mujeres, de todas las edades, etnias, condiciones sociales y económicas... Después de abordar el tema específico que nos lleva a entrevistarlos, todos –diría yo, sin excepción– terminan contándonos algo de su historia íntima y personal. Este giro es producto del clima de confianza y de no juicio que se crea en el set de grabación cuando el propósito de la entrevista trasciende las convenciones tradicionales, y cuando se trabaja con gente que "ve lo que hay en los otros" más allá de las apariencias.

Durante mucho tiempo pensé que las confesiones eran el efecto de la presencia de la cámara. Suponía que, estimulados por el deseo de entrar en el mundo de la fama, los entrevistados olvidaban la línea que separa la dimensión privada de la pública y abrían su experiencia al conocimiento colectivo. Otras veces pensé que era producto de la ingenuidad de las personas sencillas, pero la idea cambió cuando tuve a mi cargo la experiencia de entrevistar más de ochenta personas para extraer cuarenta mensajes de veinticinco segundos cada uno, en los cuales hubiera un alto contenido emocional —y de alguna manera filosófico— sobre lo que representaban los valores de la familia.

Las entrevistas podían durar veinte o treinta minutos, pero en la fracción de un instante todo cambiaba y por un breve lapso de tiempo, los entrevistados entraban en una especie de trance en el que sus respuestas fluían desde el alma. La cara adquiría una expresión diferente; sus mejillas enrojecían un poco, sus ojos se humedecían y se hacían más brillantes, y la piel adquiría la textura del terciopelo. Cuando pienso en esto me viene a la cabeza la expresión que tienen los pasajeros de la montaña rusa cuando pisan nuevamente la tierra, o la de los artistas cuando reciben el aplauso de la audiencia, o la de las parejas después del orgasmo.

¿Cuál podía ser la razón detrás de esta sutil y poderosa transformación? ¿Sería el deseo de figurar el único motivo? Ciertamente, no. La respuesta y la motivación para escribir este libro —después de muchos años de amasar estas experiencias— las obtuve de una tejedora de palma, una mujer sencilla de la isla de Barú, al norte de Colombia, quien después de haber sido entrevistada me dijo: "ahora la veo clara", refiriéndose a su propia historia. Verbalizar su vida y ponerles palabras a sus sentimientos elevó y dignificó su experiencia. Su relato le permitió entender que sus esfuerzos no habían sido en vano; que detrás de cada uno de los obstáculos que había superado, estaba el alma de una guerrera que no se iba a dejar vencer por nada; que las carencias son relativas; que los adversarios –personas o circunstancias– son motores y maestros. Había tenido la epifanía de la dignidad, esa fue la palabra clave.

¿POR QUÉ HABLO DE ESTO?

Años después fui profesora de estudiantes universitarios en las cátedras de Escrituras Creativas y Guión. Durante varios semestres las clases eran a las siete de la mañana y –terrible confesarlo– yo llegaba con sólo una neurona despierta; el resto del cerebro se iba despertando poco a poco en la medida en que, –en el ejercicio de crear historias– las mentes innovadoras, creativas y audaces de los estudiantes me dejaban ver que detrás de cada relato había una enorme carga autobiográfica, explícita o latente. Los alumnos me enseñaron a ver al "autor" detrás de sus personajes; sus creencias, limitaciones, perspectivas y pulsiones.

Al tomar distancia de ellas, ponerlas en el papel y discutirlas colectivamente, iban armando el rompecabezas que explicaba su propia historia y que, ante todo, le daba significado. Vi en ellos enormes transformaciones. Era como si al hablar de la vida de sus personajes se liberaran de sus propios demonios y de sus dudas. Descubrí –y por eso les estoy eternamente agradecida– que los relatos de la historia colectiva pesan tanto como los de las historias individuales y que se podía cambiar la historia nacional a través de la catarsis de estas últimas.

Mis alumnos me enseñaron también a verme a la luz de mi propia historia.

Tuvo que pasar mucho tiempo y mucha agua debajo del puente para que yo tuviera el coraje de ser vulnerable. En un momento determinado, mi vida cambió radicalmente y no tardaron en reaparecer las crisis y los conflictos del pasado —internos y externos— revestidos de manera diferente.

De pronto me encontré rodeada de personas que, como yo, vivían procesos de resistencia al cambio. Me propuse encontrar un camino para devolver a la experiencia cotidiana la riqueza reparadora de la ficción haciendo uso de los componentes dramáticos de las historias y de los personajes.

Recordé el caudal nutritivo de las series de televisión y las películas, de los cuentos y las leyendas, y supe que podía proponer un viaje interior que nos permitiera, a quienes enfrentamos estas y otras crisis, abrazar nuestras circunstancias presentes para hacer de la adversidad una fuente de crecimiento y de transformación personal. Finalmente, nuestros dilemas y luchas internas, lejos de ser ajenas a las historias creadas por autores y dramaturgos, recorren el mismo camino, se desarrollan en los mismos ámbitos y pasan por tamices similares.

De esta reflexión, y de mi formación y experiencia como Coach Transpersonal surge la idea de dar vida a la creación de un diario íntimo que nos permita establecer una nueva narrativa de nuestra historia y abrazar la transformación como un proceso espiritual, ineludible y enriquecedor. Una bitácora que registre nuestro cambio y que nos conceda la posibilidad de asumirlo de manera gozosa y generosa. Un diario cuyas respuestas tendrán un solo lector, nosotros mismos, diseñado a partir de los componentes creativos con los cuales los guionistas y escritores damos vida a nuestros personajes.

Sigo en este viaje interior con la actitud de una estudiante eterna.

ESTRUCTURA DEL LIBRO

Este libro propone una experiencia en segmentos diferentes pero complementarios: 'Protagonista de tu historia' y '¡Manos a la obra!: un viaje en tres actos'

A lo largo de los distintos bloques, mencionaré algunos ejemplos de la vida real que surgieron en los talleres y conferencias. También encontrarás entretejida una historia de ficción que busca darle carne a los conceptos expuestos para hacerlos tangibles y para que puedas reconocer que, en nuestra común humanidad, todos vivimos alegrías, dolores, vergüenzas y gozos similares.

El libro ha sido escrito para ser leído y trabajado de diferentes maneras: puedes leerlo de corrido sin detenerte en las actividades sugeridas o aproximarte a él como una herramienta de autoconocimiento, poner en práctica las habilidades que se sugieren y desarrollar los descubrimientos y ejercicios.

Te sugiero destinarle tiempo; el que sea necesario de acuerdo con tu ritmo, y dedicarle un cuaderno especial o abrir un documento digital específico para que puedas revisar fácilmente las actividades que hayas desarrollado y regresar a ellas cuando lo consideres necesario.

Tres grandes bloques hacen parte de este libro:

Prepara el viaje: Eres el protagonista

Esta primera parte nos invita a reflexionar sobre lo que realmente somos, sobre cómo y por qué buscamos transformarnos, y sobre lo que el 'otro' o los otros representan en nuestra vida. Nos invita a mirar nuestros prejuicios, necesidades, emociones y vulnerabilidades para asumir la vida de una manera más amorosa y compasiva con nosotros mismos y con los demás.

Desde la perspectiva del viaje, es una invitación a repensar quiénes somos y a sacar la vieja maleta de donde la hemos guardado por años, desempolvarla y dejarla lista para la aventura. En otras palabras, propone una introspección que te permita mirar quién eres hoy, cuál es tu historia personal, y cuál el punto de partida para la aventura.

Al concluir este segmento estaremos preparados para describir al protagonista que eres en tu historia. Un protagonista que elige, actúa, decide, acierta o se equivoca, pero que lo hace con conciencia. Sabrás también cuál es tu motor, tu búsqueda. Habrás hecho la pesquisa de su origen en las necesidades humanas universales porque todos, sin importar el origen, la cultura, la condición económica o el género, nos identificamos ante las mismas necesidades, transpiramos el mismo sudor y respiramos el mismo aliento.

1. ¡Manos a la obra!: un viaje en tres actos

*Despierta: ¡**Abraza la aventura!***

A partir de este momento exploraremos las etapas del Viaje del Héroe como herramienta creativa de la nueva narrativa de nuestra historia. Este viaje, ampliamente explorado por C.G. Jung en sus estudios del inconsciente colectivo fue retomado en los trabajos de Joseph Campbell[1] y Christopher Vogler[2]. De él extraemos el mapa de nuestra propia travesía y el territorio que encontraremos será único para cada uno de nosotros.

Cada etapa del viaje nos invita a desarrollar determinadas habilidades a través de las 'Prácticas' y a explorar su riqueza para conectarnos con el momento presente. Estas serán las herramientas para fortalecer nuestra capacidad de elegir, establecer prioridades y decidir. En cada una hay también un ejercicio de escritura a través del cual descubres dónde está el poder personal y cómo puedes aplicarlo a tus circunstancias actuales y/o futuras.

Los estadios definidos que nos sirven de inspiración para este segmento son los cinco pasos iniciales que conforman el Primer Acto en la construcción dramática del viaje del héroe. Estos son: 'El mundo ordinario', 'La llamada a la aventura', 'El rechazo a la llamada', 'El encuentro con el mentor' y 'La travesía del primer umbral'.

Al concluir este segmento habremos dado el salto a un mundo nuevo seducidos por la idea de algo que nos llama. Seguir el llamado nos pondrá frente a frente con nuestros obstáculos reales e imaginarios. Como los imaginarios son aquellos que en realidad impiden que nos movamos, esta parte del libro apunta a mirar los

---

[1] Campbell, J. (1959) *El Héroe de las mil caras*. México. Fondo de Cultura Económica
[2] Vogler, C. (2002) *El viaje del escritor*. Barcelona. Ma non troppo. Ediciones Robinbook.

orígenes de nuestros miedos para evitar que sigan interponiéndose entre nuestros sueños, y su realización.

Crece: **Tiempo de actuar.**

Una vez que hemos dado el salto a lo desconocido es el momento de prepararnos, probar nuestras habilidades, definir quiénes son nuestros acompañantes y cuáles nuestros obstáculos. Con una idea medianamente clara del territorio en el que nos vamos a embarcar estamos listos para continuar un viaje que será muy diferente de lo imaginado. Es el segundo acto de nuestra historia. Recorreremos los pasos que en el camino del héroe se conocen como 'Las primeras pruebas, los aliados y enemigos', y 'La aproximación a la cueva del laberinto', 'La ordalía suprema/la odisea' y 'La recompensa'.

Al concluir este segmento habremos entendido que este salto a un mundo nuevo nos pone a prueba. Nuestras fortalezas y habilidades, amigos y 'enemigos', hacen parte del arsenal de recursos con que enfrentaremos los peligros y riesgos del laberinto. Este es el espacio para la acción consciente, la que posee intención, atención y foco. Presentes en nuestro viaje, enfrentaremos los obstáculos y los superaremos hasta lograr nuestra primera victoria.

Trasciende: **Un mundo nuevo**

Después de haber logrado nuestro propósito, es hora de regresar a casa. Esta última parte del viaje nos enfrenta a nuestras expectativas y a la prueba final que aniquila cualquier rezago del viejo 'yo'. Es el tercer acto de nuestra historia que corresponde en el Viaje del Héroe a las etapas conocidas como 'El regreso a casa', 'Muerte y resurrección' y 'El retorno con el elixir'.

Al concluir este segmento habremos completado el viaje de transformación. Nuestro corazón estará más en sintonía con nuestra mente, habremos entendido la perfección de nuestra vida, tendremos muchos más elementos para vivir una vida empática y compasiva porque estaremos más en paz con nosotros mismos.

2. Prácticas, descubrimientos y ejercicios.

Este libro propone un conjunto de actividades que hemos llamado 'Prácticas', 'Descubrimientos' y 'Ejercicios', orientados a recuperar el valor de ciertas habilidades, a explorar tu mundo interior y a escribir un nuevo capítulo de tu vida.

Los Descubrimientos exploran tu historia personal para que, desde la comprensión de tu pasado, seas consciente de quién eres en el momento presente y te hagas responsable de tus acciones y decisiones. Las Prácticas se sugieren para hacer conciencia de un conjunto de habilidades que nos ayudan a vivir en el presente. Los Ejercicios se proponen como herramientas para definirte como protagonista de tu historia, y para facilitar el camino heroico que emprenden quienes conocen su propósito de vida. Este conjunto de actividades ha sido diseñado orgánicamente de acuerdo con los conceptos expuestos. Al comienzo, los descubrimientos, prácticas y ejercicios, despertarán tu curiosidad; más adelante podrán tocar fibras de tu corazón y probablemente arrojen claridad, generen algo de dolor y mucha satisfacción. Asúmelos con curiosidad; ubica el sentimiento en una parte específica de tu cuerpo. Mientras más conciencia tengas de tu historia, de lo que eliges o no, de lo que decides o no, mayor poder personal surgirá en el momento de reescribirla.

Nota: El viaje que estás a punto de empezar removerá tus recuerdos y tus emociones al tiempo que te permitirá detectar dónde se encuentra la fuente de tu poder personal para traerla al presente. Si en tu historia personal hay eventos excesivamente traumáticos de abuso físico o psicológico, te sugiero hablar con un terapeuta antes de iniciarlo.

Descubrimiento 1: ¿Cuál es mi historia?

- ¿Cómo te expresas cuando hablas de ti?

- Escribe con naturalidad, tal como vayan saliendo las palabras, con altas dosis de espontaneidad y dejando de lado la censura.

- La historia de todos nosotros tiene dos dimensiones: la primera se refiere a los hechos acontecidos en la realidad exterior y la segunda, a la forma como tales hechos impactaron nuestras emociones, creencias y valores.

- Será de gran utilidad si enfatizas en los aspectos de tu mundo interior y en cómo fueron marcados por los hechos de tu realidad exterior.

- Por ejemplo: "…cuando iba a entrar al tercer grado nos fuimos a vivir a otra ciudad. En el nuevo colegio no tenía amigos. Los primeros días tuve mucho miedo y no quería ir a clase hasta que…"

Escribe una historia breve de tu vida

Título de tu historia: _____.

- Escribe primero tu historia antes de continuar con los otros puntos de esta actividad.

    1. Con el primer color subraya o resalta las acciones. ¿Eres el protagonista? ¿Eres víctima? ¿Quién es el responsable de lo que sucede? ¿Quién recibe los efectos de las acciones?

    2. Con el segundo color subraya o resalta las palabras que califican tu realidad (ej.: encantador, desastroso, injusto, sorprendente, admirable... etc.: ¿Qué sabor te queda al leerlas? ¿Te gusta? ¿Te desagrada? ¿Juzgas mucho?

    3. ¿Hay palabras, personajes o temas que se repiten?

- Esta historia, ¿qué te dice? ¿Te deja ver algo que no hubieras visto antes?

PROTAGONISTA DE TU HISTORIA

LA TRANSFORMACIÓN

¿Qué harías si te ganas la lotería? ¡Viajar! Y, ¿si no tuvieras que trabajar? ¡Viajar! Y, ¿qué harás cuando te retires? ¡Viajar!... viajar, viajar, viajar... La fascinación por el viaje está íntimamente relacionada con nuestra capacidad de asombro. Con ojos inocentes nos acercamos a un universo desconocido, percibimos la intensidad de la luz, el brillo de los colores, el caminar de la gente, la arquitectura perfecta de la naturaleza, las formas de amar y pensar, los sabores y olores, la resonancia de lenguas diferentes... desafortunadamente, en la medida en que nos vamos familiarizando con el entorno nuestra capacidad de asombro disminuye, y nuestra curiosidad cede paso al hábito y a la rutina.

El viaje que acá se propone nos incita a estar alertas, a cultivar la capacidad de maravillarnos. Esta vez no será ante los paisajes o las obras de arte que la humanidad ha creado a lo largo de tantos siglos sino ante nosotros mismos; ante las emociones que emergen, las ideas que aparecen, las sensaciones que refleje nuestro cuerpo. El objetivo de esta exploración es estar aquí y ahora, sentir viva la vida que está en nosotros y que anhela expresarse, y dejar que sea ella quien la emprenda.

Tu primera tarea será preparar la maleta. Tendrás que sacarla del depósito donde la guardaste hace un tiempo, quitarle el polvo y abrirla. Al hacerlo encontrarás que la última vez que la usaste no la desocupaste del todo así que hay sorpresas, algunas son muy agradables, otras, no tanto. Límpiala y desocúpala totalmente si quieres tener suficiente espacio para las ideas y los sentimientos frescos que llevarás y para guardar lo que traerás cuando regreses de la mejor experiencia que alguien puede tener: el viaje transformador hacia el fondo de sí mismo.

LA FICCIÓN COMO CAMINO

La escena es sencilla: en el escenario de un teatro, sentados en fila horizontal frente a su audiencia, un grupo de actores lee la obra de teatro escrita por una dramaturga novel, Sarah, una mujer que apenas llega a los cuarenta años. La obra describe las dinámicas de una familia en la vida cotidiana, sus contradicciones, anhelos, disputas, alegrías, crisis y conflictos. Dentro del público que llena la sala están los padres de Sarah, sus dos hermanos, su hermana, su cuñado, cuñadas, sobrinos y sobrinas, su hijo y su hija Amber, una talentosa adolescente que ha sido rechazada por varias universidades.

En un momento determinado la obra recrea el conflicto que Amber enfrenta en su vida real. La sociedad le ha cerrado sus puertas. Sus compañeros hablan un lenguaje diferente, sus intereses no encajan y su visión del mundo es diametralmente opuesta a la de quienes la rodean. Para escapar de la exclusión se engancha con otro joven con conflictos similares. Después de una noche de rumba, alcohol y droga, un accidente de tránsito la deja entre la vida y la muerte.

La obra expresa con claridad lo que sucede cuando hay una "oveja negra" en la familia. Amber, constata la paradoja de su propia vida retratada en la experiencia creativa de Sarah, su madre. Al verla a través de otros ojos, rompe en llanto y abandona la sala donde se presenta la obra teatral. Sus heridas físicas y emocionales aún están vivas.

Sarah la sigue. En el pasillo tienen una conversación íntima, un diálogo que revela el aprendizaje mutuo de dos seres que comparten una misma historia pero que la ven desde diferentes ópticas; ante todo, un diálogo que permite que aflore el amor y se silencie el miedo.

Todo esto sucede detrás la pantalla de un televisor pues se trata de la escena de una popular serie norteamericana. Frente a ella, a miles de kilómetros de distancia del lugar de origen de la historia, una pareja adulta observa el drama de una familia de ficción en un universo creado para dar cabida a las emociones. El dolor de la joven los conmueve. Aparentemente nunca han vivido la misma circunstancia, pero son sensibles a su estado de ánimo. Sus ojos se llenan de lágrimas, las mismas de la joven y su familia en la sala del teatro; las mismas de los actores en la escena.

Surgen entonces las preguntas: ¿Por qué personas de distintas culturas, edades y con diferentes historias de vida manifiestan una misma emoción ante una circunstancia determinada? ¿Qué hay detrás de esta? ¿Qué saben escritores y dramaturgos sobre la naturaleza humana para despertar las emociones con dos o tres líneas de parlamento? ¿Qué queda después de que éstas han salido a la luz? ¿Por qué nos atrae y atrapa la ficción? ¿Cuál es su mensaje oculto? ¿Cómo podemos integrarlo a nuestra realidad?

¿QUIÉNES VIVEN LAS HISTORIAS?

Café o té en mano, un escritor se interna en su lugar de trabajo para dar vida a sus personajes. El reto es crear seres que atrapen a la audiencia, que sean impredecibles y que habiten en el terreno de los grises tal como somos los humanos reales: personajes que se alejen de los estereotipos del bueno y el malo, el perverso y el inocente, el amoroso y el abominable. En las historias, como en la realidad, la vida la viven seres humanos de naturaleza compleja, contradictoria, grata e insidiosa a la vez.

El creador de historias hace un listado: defectos, cualidades, luces y sombras, porque sabe que todas las condiciones de la naturaleza humana, evidentes o soterradas, habitan en todos nosotros. Decide entonces armar su propio calidoscopio. Habrá un personaje central que encarna explícitamente algunas de esas características. Lo llamará Protagonista. Después, propondrá un viaje y todos los obstáculos posibles para que el personaje recorra un camino vital o emocional que lo lleve desde un punto de partida hasta su antípoda. Un viaje de 180° que transforme su egoísmo en entrega, la aprehensión en confianza, la inseguridad personal en la afirmación de su valía.

Se trata de un viaje interior, un viaje que lo transforma. ¿Cómo es? ¿Qué encuentra en él? ¿De qué debe deshacerse para llevarlo a feliz término? Los procesos transformadores son complejos y exigen el desarrollo de la conciencia individual.

Uno de los ejercicios de creación colectiva que hice con los estudiantes en la cátedra de Escritura Creativa era la construcción de un protagonista. La historia narraba las peripecias en la vida de un niño que se perdía en la ciudad por tomar el bus equivocado para ir a la escuela y la imperiosa necesidad de regresar a casa. Curiosamente, los acontecimientos que fueron creándose alrededor del niño fueron dándole un rol pasivo, sujeto a los caprichos de los adultos y víctima de circunstancias que estaban totalmente lejos de su control o de su posibilidad de actuar… nuevamente, esa historia creada por un grupo de adultos jóvenes —la mayor parte de ellos menores de veinticinco años— estaba dando cuenta de la pasividad colectiva que caracterizaba ese momento de nuestra historia nacional, y la incapacidad de cambiar las circunstancias y de tomar en las propias manos las riendas del futuro; obviamente, el contexto era único y específico en Colombia, un país que amanecía a diario con titulares de prensa sobre violencia, corrupción y no futuro.

Fue tremendamente iluminador el momento en que confrontamos si el personaje creado era o no un protagonista a la luz de las funciones dramáticas que tiene: El Protagonista actúa; la acción tiene un sentido, un significado. Lo transforma porque impacta dos niveles: su mundo exterior y su universo interior. Inclusive la no acción es una forma de actuar. Por supuesto, aprendimos mucho sobre lo que realmente significa ser protagonistas de nuestra propia historia.

La simple actividad no es necesariamente transformadora. Volvamos al caso del niño que toma el bus equivocado. Supongamos que éste se da cuenta de que está perdido, se baja del bus, mete las manos en el bolsillo y encuentra un fajo de billetes, toma un taxi y pide que lo devuelvan a la casa. Aburrido, ¿cierto? Pero, qué tal si al darse cuenta de que está perdido intenta bajarse del bus pero hay alguien que pretende convencerlo de que eso es una locura y, aun así, el niño se baja sólo para descubrir que no tiene un centavo en el bolsillo y que si quiere regresar a su casa tiene que poner a funcionar su ingenio, superar su timidez, buscar ayuda, tal vez apoyar a otra persona con un trabajo menor para conseguir algo de efectivo, ubicar un mapa o cualquier otro medio que le indique cómo regresar y, finalmente, abrir los ojos y todos los sentidos para no volver a perderse. Ahora sí hay un personaje que ha tenido una pequeña transformación. ¿A quién debe darle las gracias por haberse transformado? Al conflicto. Es igual en nuestras vidas. Los conflictos y las crisis son nuestros maestros.

Algunos modelos de construcción dramática asignan las funciones centrales del protagonista a dos personajes diferentes. El primero tiene a su cargo la tarea de mover la historia hacia adelante y el segundo, la misión de sentirla. En la vida real este modelo no funciona porque lo que afecta nuestro mundo exterior impacta nuestro interior, así como todo lo que somos, pensamos decimos o hacemos repercute en nuestras condiciones externas, en el entorno y en quienes nos rodean.

¿DE QUÉ CLASE DE PODER HABLAMOS?

Todos los días, alrededor de las cinco de la tarde, salgo a caminar con Bruno, nuestro perro. Siempre lo llevo con correa. Cruzamos por la calle que quiero, tomamos el andén que a mí me place, caminamos hasta cuando me canso, y regresamos cuando me parece. La perspectiva que Bruno tiene del mundo es la que yo le ofrezco. Yo decido; hago uso del privilegio que me asiste como su 'dueña' porque tengo su correa en mis manos.

Una de estas tardes Bruno optó por rebelarse y seguir su instinto. En fracción de segundos tiró de la correa, se soltó y corrió enloquecido tras un conejo. Hasta ahí llegó mi 'pequeño poder' sobre él, mi privilegio de decidir cuál era el mundo que él quería ver. Bruno eligió por dónde buscar a su presa, por dónde correaterla, cuándo abandonar su carrera y en qué momento regresar a donde yo estaba, literalmente, gritando como loca.

La idea del poder ha estado históricamente atada a la noción de privilegio. Nos han hecho creer que el poder es una fuerza exógena asociada con la raza, el dinero, el estatus social y la posición de autoridad, y que lo tenemos o no dependiendo de si estamos en una posición privilegiada. Nos hemos olvidado de que el verdadero poder está en el interior de cada uno de nosotros y que podemos incidir incluso en las circunstancias externas. Los poderosos existen porque los no poderosos los alimentan.

A diferencia de lo que sucede con Bruno, nuestro poder personal radica en ese 'algo' que nos anima, que se manifiesta en el aquí y el ahora y que está conectado con aquello que va más allá de nuestros instintos. Lo llamaremos Presencia. Vivir desde ella nos permite ver el mundo desde nuestra propia perspectiva y entender que el poder personal radica en abrazar y estimular nuestra autonomía y fortalecer la conexión con nosotros mismos, al tiempo que lo hacemos con todos y todo lo que nos rodea. Vivir desde nuestra Presencia significa abrirnos al misterio de la razón de ser y a la grandeza de nuestro propósito; al hacerlo, se abren también los canales para la verdadera paz, el bienestar físico y la levedad. Recuperamos la noción del juego y entendemos que todo lo 'bueno' o lo 'malo' de la vida exterior y de sus circunstancias, es efímero y tendrá final.

Una de las ideas más tentadoras en la búsqueda del poder en nuestra propia historia es la comprensión de que no hay borrador final. A diferencia de las historias de ficción que tienen que ser impresas o producidas para la pantalla con tiempos límites, nuestra historia puede ser escrita y re-escrita cuantas veces queramos o necesitemos. Podemos deshacernos de lo que no nos gusta, de lo que no vibra con nosotros, de lo que no es real. Sin embargo, hacerlo tiene un costo. El aspecto reactivo de nuestro ego tiene que estar en el lugar que le corresponde. Ha demostrado ser un pésimo líder a quien le gusta meternos en problemas. Es terco, obstinado, arrogante, pretencioso, sabelotodo, saboteador, distractor, encantador, coqueto, seductor, timador, recursivo y manipulador.

Si queremos empezar el viaje de nuestra nueva narrativa con una historia personal que nos permita asumir nuestra autonomía y nuestro poder, tendremos que confrontarnos a la hora de sacar las cosas viejas de nuestro equipaje. Desocuparlo significa poner al ego en su lugar, aunque reconozcamos que su presencia es vital para las actividades básicas de nuestra vida cotidiana. La tarea puede resultar incómoda y, en ocasiones, dolorosa. Encontraremos aquel tiquete del viaje que pospusimos por una historia de amor fallida, las palabras amargas de una profesora castradora, la sombra paralizadora de los propios padres, la ofensa de algunos compañeros de segundo grado de primaria, el vestido que no se usó en la fiesta porque no hubo con quien bailar o la vergüenza implícita de la pobreza o la obesidad.

Pero con ellos saldrá también a la luz la evidencia de que para llegar a este punto de nuestra historia tuvimos el coraje de exponernos, el heroísmo de haber terminado el colegio a pesar de los alumnos de segundo grado, el valor de haber asistido a mil fiestas más en las que hubo gozo, el arrojo para convertir las palabras amargas en conquistas y las sombras en rebeldía; tuvimos también la osadía de desafiar lo establecido, la valentía para mirar cara a cara los mecanismos con los que hemos escapado de lo que nos duele y la intrepidez para dejar de huir. El poder radica en qué clase de historia nos queremos contar.

EL ARCO DE TRANSFORMACIÓN

La transformación es una idea que implica acción. Es una herramienta para la expansión de la energía y se activa consciente o inconscientemente a partir del sentimiento de que algo no está bien o podría estar mejor. Es también un escenario para el ejercicio del poder personal y para la expresión del carácter gozoso y luminoso del Ser. Es la tarea de crearse a cada instante.

Un relato que se ciñera tan sólo a la dimensión de lo visible sería tal vez una transmisión de un partido de fútbol o un noticiero. La diferencia entre estos y la creación de una historia radica en que en ellas hay un segundo nivel de lectura de los acontecimientos, sutil, no explícito, donde sucede lo que realmente nos interesa. La razón por la que dedicamos horas a la lectura de un libro, a ver una película o una serie de televisión es la necesidad de saber qué pasa en el interior de los personajes; es ahí donde se refleja nuestra común humanidad. En los dos niveles de la historia se habla tanto de las búsquedas y las conquistas en el mundo de lo visible, como del quiebre del ego para el nacimiento de una nueva dimensión humana.

Si se trata de una historia que ha sido llevada al cine, la transformación se realiza en un tiempo real de ciento veinte minutos así la duración interna de la historia sea de horas, días, meses o años, porque los creadores son quienes eligen los fragmentos de vida que regalan a su personaje de ficción, con ocho o diez episodios relevantes que han sido cuidadosamente diseñados para condensar en pocos minutos los procesos de cambio. En un libro puede ser un asunto de trescientas páginas. Si se mira detenidamente, la transformación puede verse como la suma de breves instantes de epifanía significativa a los cuales se llega mientras se recorre el camino del cambio, se resuelve un conflicto o se supera una crisis.

Y así se escriben las historias y se re-escribe la nuestra. A una escena le sigue otra que se construye sobre la anterior y una más que se crea a partir de las anteriores. Peldaño a peldaño, se concibe una historia donde todo cuenta. Exactamente igual que en la vida. Esta construcción busca llegar a un punto Z partiendo de un punto A.

Hace algunos años hubo en Canadá una protesta indígena para romper la parálisis que había dado lugar a las condiciones de marginalización, pobreza, adicciones y suicidios de los nativos. Desde distintos rincones del país los indígenas liderados por sus jefes marcharon hacia Ottawa, la capital canadiense, con el propósito de obtener un compromiso claro y real sobre una serie de puntos relevantes para la Asamblea de Nativos de Canadá. Ante el primer resultado de las gestiones de los diferentes jefes, la Jefe Theresa

Spence entró en huelga de hambre como un mecanismo de presión para ser oída y para que sus demandas fueran atendidas seriamente por los políticos.

Pasaron los días y Spence seguía en su carpa sin cambiar de opinión. Sus condiciones vitales se estaban deteriorando; después de seis semanas las cosas no parecían ir hacia ninguna parte hasta que los partidos de oposición se unieron y firmaron una declaración de compromisos con la Alianza de Nativos para dar una salida digna al problema.

Durante toda la crisis me pregunté por qué ella, específicamente, había decidido liderar esta protesta con una huelga de hambre y cuáles serían sus motivaciones más profundas. Dos puntos de la declaración llamaron mi atención: una petición para detener la violencia contra las mujeres indígenas, e inversión en la creación de escuelas para nativos con énfasis en la financiación de formas de preservar sus lenguas. Supe después que ella tenía cinco hijas. La Jefe Spence y dos de sus colaboradores habían redactado un documento de trece puntos que en su momento se interpretó como una lista de buenos deseos pero que con el pasar de los años se convirtió en una guía de acción para el siguiente gobierno. Lo que estaba en juego era la dignidad. Había que ponerle punto final a una era de vergüenza cultural que pesa en el colectivo de la población indígena canadiense y que ha minado considerablemente su autoestima.

Aquello que cualquier personaje de la vida real o de la ficción tiene que transformar está relacionado, de una u otra forma, con la reacción generalmente inconsciente a la vergüenza o con la culpa auto infringida o infringida por otros. La forma reactiva de estas dos últimas despierta las peores facetas de nosotros mismos. Nuestros actos ya no parecen nuestros sino dirigidos por una mano oculta. Se me ocurre pensar que la verdadera interpretación de la idea del 'pecado original' del que hablan algunas religiones sea que nuestras equivocaciones presentes y pasadas se originen en la forma como reaccionamos ante la vergüenza o la culpa.

En el camino de la transformación hay que tropezar, caer, volver a levantarse y caer de nuevo. Si nos preguntamos dónde radica el heroísmo y el poder de nuestra historia tendremos que buscar la respuesta en la energía, en los mecanismos que hemos usado para salir de las crisis, y en nuestra capacidad de transformar la adversidad en fortaleza. Incidentes sorpresivos, voces de aliento, fuerzas antagónicas, obstáculos insalvables, aprendizajes, muerte y resurrección hacen parte de la transformación. Pero al igual que sucede en la construcción de las historias, nuestro viaje resulta más significativo si nos fijamos un destino de llegada que nos resulte iluminador, gozoso, expansivo y que abarque al Todo, así en la mitad del camino ese destino final cambie, tal como sucede en la vida real.

Escribimos porque necesitamos hallar respuestas, darle sentido y significado a nuestra vida, hallar un espacio donde se puedan poner a prueba nuestras dudas, conflictos, ambigüedades, anhelos, códigos de ética o de conducta. Escribimos también porque necesitamos resolver nuestros problemas y quienes nos leen o ven nuestras historias en una sala de cine o frente a un televisor lo hacen con la misma motivación, inconsciente tal vez, pero la misma. Escribir nuestra historia es un acto de generosidad con nosotros mismos y con los demás. Reescribirla, es un acto de coraje.

¿QUIÉN SE TRANSFORMA?

Hace algunos años asistí a uno de los retiros impartidos por Jorge Julio Mejía, un sacerdote Jesuita colombiano que se ha aproximado a la práctica del Zen. En una de sus charlas entendí el punto esencial del mensaje: si nacimos semilla de manzana, nuestra plenitud será cuando seamos árbol de manzano y manzanas. No peras, no ciruelas, no albaricoques. En nuestra semilla está contenido todo lo que somos. Toda la perfección del universo está en cada una de nuestras células; somos todo y tenemos todo, sin embargo, sentimos que algo falta.

Nuestra alma –la semilla perfecta a la que otros llaman 'espíritu'– sabe que somos suficientes. Sabe que lo somos, porque sabe que somos de la misma sustancia que la Fuente. La semilla contiene una fuerza vital expansiva que pulsa hacia la bondad y la belleza. Sabe también que todo es y ha sido perfecto, aunque parezca lo contrario. La gran paradoja es que somos a la vez únicos y uno con el todo. La ley de la polaridad que aparentemente divide en dos la experiencia de la realidad nos ha sido vendida de manera excluyente: o yo, o los otros; o la risa, o el llanto; o el alma, o el cuerpo.

Una transformación verdadera nos lleva a recorrer el camino que va de la separación a la integración. Para entenderlo, convengamos en establecer que en cada uno de nosotros hay tres dimensiones del ser. Como la idea de esta propuesta no es hacer un tratado metafísico, me abstendré de hacer referencias a las distintas teorías que hablan del asunto y me referiré únicamente a aquello que he experimentado directamente. En el silencio y la meditación profunda he tenido atisbos de la primera, la Fuente, ese Todo indescriptible, el espacio-esencia inconmensurable que nos contiene y del que todos hacemos parte.

Para unos es Dios; para otros es la Inteligencia o Energía Universal, o el Campo Unificado; lo llamaré la Fuente.

La segunda es el alma entendida como la semilla que germina por la fuerza vital que habita en todas nuestras células y nos hace únicos. Cada vez que me interno en el bosque y quedo extasiada y sin palabras frente a la hermosura de los rayos de luz que se cuelan por entre las ramas, sé que es mi alma la que se regocija con la eternidad de la belleza.

La tercera es la 'persona' que se mueve en esta realidad, el conjunto de nuestra expresión visible, cuerpo, mente, ego, personalidad; en latín, Personae significa máscara.

Como lo sugiere el Eneagrama,[3] un modelo para el conocimiento de sí mismo, la transformación es un proceso que le permite a la máscara de la personalidad resquebrajarse, para que el alma se exprese y expanda en su perfección. La fuerza vital del alma —sabia, profunda y en permanente conexión con la Fuente— no puede por sí sola hacer una genuina, real y auténtica transformación sin valerse de la acción en el terreno de la realidad externa. El alma tiene siempre el deseo de expresar a la Fuente, de ser uno con ella. ¿Qué o quién se lo impide? ¿Quién quiere entonces vendernos la idea de que somos incompletos? La faceta reactiva de nuestro 'querido' ego. En palabras de Don Richard Riso y Russ Hudson [4] "Uno de los grandes peligros del trabajo de

---

[3] Riso, D. R., Hudson, R. (2000) *La sabiduría del Eneagrama*. Barcelona. Ediciones Urano
[4] IBID

transformación es que el ego intenta pasar por alto el trabajo psicológico profundo, saltando demasiado pronto a lo trascendente".

Nuestra personalidad puede definirse como la suma del carácter, el temperamento y el comportamiento. Tanto la genética como el entorno juegan un papel activo en cómo somos. La cultura en la que hemos crecido, y los mensajes explícitos o tácitos recibidos en nuestros primeros años marcan significativamente la historia que nos decimos de nosotros mismos, y la forma como percibimos la realidad y como leemos los comportamientos de los otros. Nuestra respuesta y el resultado final de los asuntos que nos afectan en la vida diaria estarán mediados por la historia que creamos y por nuestras interpretaciones. Por ello, cuando el resultado final de algo no nos gusta, vale la pena preguntarnos qué resultados habríamos querido tener y qué habríamos podido hacer de diferente manera. Sin embargo, la reinterpretación de nuestra historia a partir de observarla y narrarla con un lenguaje diferente, exige que profundicemos más, tal como lo veremos a continuación.

Tenemos un banco de datos lleno de información: aromas, imágenes, abrazos, sabores, miradas amorosas, lugares, códigos de aceptación o rechazo social...; todos los posibles e incontables estímulos que provienen del exterior se combinan para dar nacimiento a aquello que creemos que es la realidad y sobre la cual hemos construido nuestro sistema de creencias y valores. Pero esta realidad que sirve de soporte de nuestra personalidad tiene sus fracturas porque nuestra percepción y nuestra memoria son selectivas y limitadas. La realidad termina siendo un asunto de perspectiva; la construimos dependiendo del lugar vital y emocional en el que nos encontramos.

El 99% de toda la información que recibimos va a parar al subconsciente. Tan solo el 1% de ella conforma la parte consciente de nuestra personalidad, es decir, nuestro ego. A pesar de su escasa información, el ego insiste en ser el jefe de nuestra vida, dispuesto a hacer lo que esté a su alcance para mantenerse ahí. Sólo cuando nos conectamos con los mensajes subconscientes que están detrás de nuestras historias podemos evitar que sean fuente de sufrimiento y se conviertan más bien en motor de nuestra liberación.

Un ejemplo puede servirnos de guía para entender el peso de nuestra mente subconsciente y la enorme posibilidad que se abre cuando reescribimos nuestra historia; de esta manera podemos evitar que las situaciones que nos duelen o mortifican se repitan una y otra vez.

Esta es la historia de Paula. Aunque es ficción, resume fragmentos de historias reales, vividas por seres de carne y hueso.

Paula es una madre separada de cuarenta y dos años, gerente de proyectos en una compañía que está redefiniendo su misión y que necesita desesperadamente nuevos inversionistas. Vive sola en la capital, lejos de Lucía, su hija, una joven de dieciocho años con una leve discapacidad cognitiva.

Aunque Paula es la persona idónea para diseñar una presentación que seduzca a los inversionistas potenciales, no es a ella a quien encargan de preparar la presentación de las cifras, balances, fortalezas y logros de la compañía para la próxima presentación. En cambio, le solicitan asegurarse de que el salón estará disponible, con suficientes emparedados y café para todos. Paula, en el fondo de su corazón, está indignada. ¡Es el colmo! –piensa. ¿Quién creen sus jefes que es ella? Ella, sí... la que trabaja de sol a sol para que todo salga bien... ¿Cómo es que le hacen esto? Mejor le habría ido siguiendo su sueño de ser fotógrafa... A pesar de sus credenciales académicas y su experiencia, siente que no la valoran en toda su dimensión y que no la tienen en cuenta para lo que realmente es importante. Cree que, más allá de tratarse de una razón eminentemente laboral, es porque su prioridad es Lucía, su hija.

La primera parte de la historia que ella crea en su cabeza es que ella vale muy poco para esa compañía y que los demás se aprovechan de que necesita el trabajo para pedirle cosas que nadie más quiere hacer. En los últimos años, Paula ha aceptado un fuerte incremento en la carga laboral, básicamente porque necesita apoyar económicamente a su hija. Lucía tiene una discapacidad cognitiva leve y para toda la familia ha sido una prioridad que ella, al llegar a la edad adulta, pueda vivir de manera autónoma e independiente. Ahora que ya ha llegado ese momento, Lucía ha decidido regresar al pueblo donde creció y donde todo es más fácil para ella.

Paula tiene mucha rabia con sus jefes, pero no la expresa; rabia, ante todo, con ella misma por haber compartido su historia personal. Con todas sus emociones reprimidas, llama al primer proveedor que se le ocurre, y ordena café y emparedados sin siquiera revisar si son o no de buena calidad. Simplemente lo hace por salir del paso. Lejos de ser asertiva, su comportamiento es agresivo-pasivo; está muy molesta, pero sigue sonriendo. Poco o nada le interesa lo que pase con la compañía porque en este momento no siente ningún compromiso con ella.

Al día siguiente se lleva a cabo la reunión con los potenciales inversionistas y termina con buenas noticias para la empresa. El jefe se siente orgulloso de la presentación que él mismo preparó. Todos están muy contentos, menos ella.

Cuando entra al salón ve que uno de los emparedados tiene un mordisco y que el resto está sin tocar. La mirada de reproche de sus compañeros habla por sí sola. Ha puesto en entredicho su idoneidad, y es probable que, a partir de ahora, las tareas que requieren detalle, dedicación y compromiso le sean encargadas a cualquier otra persona, menos a ella. ¿Qué tendría que haber hecho para que el resultado de esta situación fuera diferente? Fundamentalmente, haber tenido otra actitud y para ello, haberse contado otra historia.

La forma como interpretamos el resultado de nuestras acciones –cualquiera que éste sea– o las acciones de los demás, depende de nuestra actitud. Las acciones que realizamos son fruto de nuestras motivaciones, de nuestra intención porque como dice el adagio popular, lo que decimos viene de la cabeza, pero lo que hacemos viene del corazón. Nuestras motivaciones surgen de los sentimientos y emociones. En el caso de Paula, ella sabe que tiene las capacidades y la formación académica para estar segura en su puesto de trabajo, pero tiene conflictos para reconocer su propio valor, y eso se transmite. Su discurso interior le dice que los demás no la tienen en cuenta porque vale poco, que ella no va a llegar a ninguna parte, que no es suficientemente buena o que no es digna de aprecio; se siente 'pequeña', 'poca cosa'. Sus sentimientos tienen origen en sus pensamientos, –ella piensa que los demás no la valoran profesionalmente simplemente porque sus compromisos maternales son tema de todos los días. Sus pensamientos, la mayor parte de ellos inconscientes, tienen como sustrato las percepciones y los mensajes recibidos de la infancia que reposan en el subconsciente.

¿Te suena familiar aquello de no ser tan lista o listo como tu hermano mayor? Agrégale a esos mensajes debilitantes recibidos por Paula en su infancia el hecho de que, en lo más profundo de su corazón, supone, por su historia familiar, que hay algo de debilidad en el hecho de ser mujer. Y, ¿Qué tal estas frases?: Haga lo que haga, nunca lo voy a lograr... siempre me falta el centavo para el peso... soy pésimo tomando decisiones... si los demás supieran como soy realmente, saldrían corriendo... mire todo lo que me han hecho... prefiero no confiar en la ayuda ajena... Si te suenan ¿podrías revisar si el resultado de tus creencias es o no una profecía autocumplida? ¿Dónde tienen origen estos mensajes?

A la faceta reactiva de nuestro ego le interesa creer que nuestra unicidad nos separa, cuando en realidad simplemente nos ofrece las mil caras del Uno que somos. Compró la teoría de la supervivencia del más fuerte y nos tiene convencidos de ella. Le encanta que nos destaquemos por encima de los demás o que huyamos si creemos que no podemos ser los mejores. Le gusta que nos veamos como víctimas porque sabe que tan pronto reconocemos en nuestro interior y en todo lo que existe la presencia de la Totalidad, la Fuente, la Conciencia Infinita, Dios, o como cada quién quiera llamar, su máscara se resquebraja. Quiere siempre confundirnos. Le teme al alma, a la fuerza vital. Sabe que ella nos pondrá en contacto con nuestra verdadera esencia y que ella se nutre de la belleza, del gozo y de la común humanidad en el cotidiano. Sabe que nuestro despertar nos llevará de sentirnos víctimas a estadios superiores de conciencia hasta ser uno con la Fuente, integrados, totales, plenos. Por tal razón, se resistirá con todas sus fuerzas a que abracemos la tarea de una nueva narrativa de nosotros mismos.

Si la narrativa de Paula destacara su valor personal, su creatividad, su compromiso y su apertura, ella habría planteado sus puntos de vista frente a la situación en el mismo momento en que tuvo la experiencia. Habría hablado claro y las consecuencias habrían sido diferentes: cualquier resultado habría sido coherente con sus intereses y mantendría aún su sentido de pertenencia.

Recrear nuestra historia nos permite indagar en las percepciones y los mensajes que reposan en el subconsciente. Saber que somos suficientemente buenos, nobles, inteligentes —añade cualquier cualidad que consideres importante— y que somos dignos de amor, influirá notablemente en los pensamientos, palabras y acciones que tengamos. Es hora de que sean los círculos virtuosos y no los viciosos los que rijan nuestro destino, porque nuestras creencias —que son el fruto de nuestras percepciones— se retroalimentan con las consecuencias de nuestros comportamientos.

Al reescribir nuestra historia suceden cosas maravillosas: en primer lugar, hacemos un ejercicio de reflexión en el aquí y el ahora. Al traer la atención al momento presente y abrir el canal para que la fuerza vital se manifieste, los fantasmas del pasado se desinflan; aquello que tanto nos pesaba se ha quedado sin aliento y se desvanece. Puede ser que las cicatrices permanezcan, pero las heridas se habrán cerrado. En segundo lugar, sabremos que los otros son solo nuestro espejo porque la imagen que vemos de ellos habla más de nosotros mismos que de ellos. En tercer lugar, habremos puesto al ego en su lugar porque entenderá que la fuerza vital que nos acompaña no se deriva únicamente de nuestro instinto básico de supervivencia, sino que proviene de la quietud y el silencio profundo de la Fuente.

La decisión es nuestra. Aún en las circunstancias más adversas, nada ni nadie nos puede arrebatar el derecho de elegir cómo queremos interpretar la realidad y vivir la vida.

Descubrimiento 2: ¿Por qué repito las lecciones?

(Exige que ejercites tu memoria, pero ¡vale la pena!)

Los ciclos:

Como si fueras un espía, indaga qué quiere expresar tu fuerza vital a partir de las acciones o situaciones externas de tu vida. El objetivo de este descubrimiento es entender qué te dicen los principales acontecimientos de tu vida, año tras año, tanto de lo que haces o dejas de hacer como de la forma en que reaccionas ante aquello que tiene que ver con otras personas.

Como hemos dicho anteriormente, tenemos la tendencia a repetir nuestras experiencias de manera cíclica. Este descubrimiento te permitirá 'ver' qué situaciones son cíclicas en tu vida y qué las motiva.

Generalmente, los ciclos que definen principios y finales duran nueve años.

Cada ciclo tiene 9 años (en algunas aproximaciones los ciclos son de 7 años. En otras, son de 10.

Para efectos de este ejercicio, vamos a usar los ciclos de 9 años). Marca los años de calendario a los que pertenece el ciclo (utiliza el modelo de la siguiente página).

Marca los hitos, los hechos relevantes de cada ciclo.

- En la parte superior del gráfico de cada ciclo escribe aquellos acontecimientos que tuvieron un efecto positivo en tu vida, un aprendizaje, o un hecho a través del cual impactaste positivamente la vida de otras personas y dales un valor numérico.

- En la parte inferior, escribe aquellas acciones u omisiones que te generaron malestar, culpa, vergüenza, o un fuerte sentimiento de separación o aislamiento y dales un valor numérico.

- Describe en tus notas la forma como reaccionaste a las acciones de otros que te resultaron incómodas.

➢ **CICLOS - Ejemplo:**

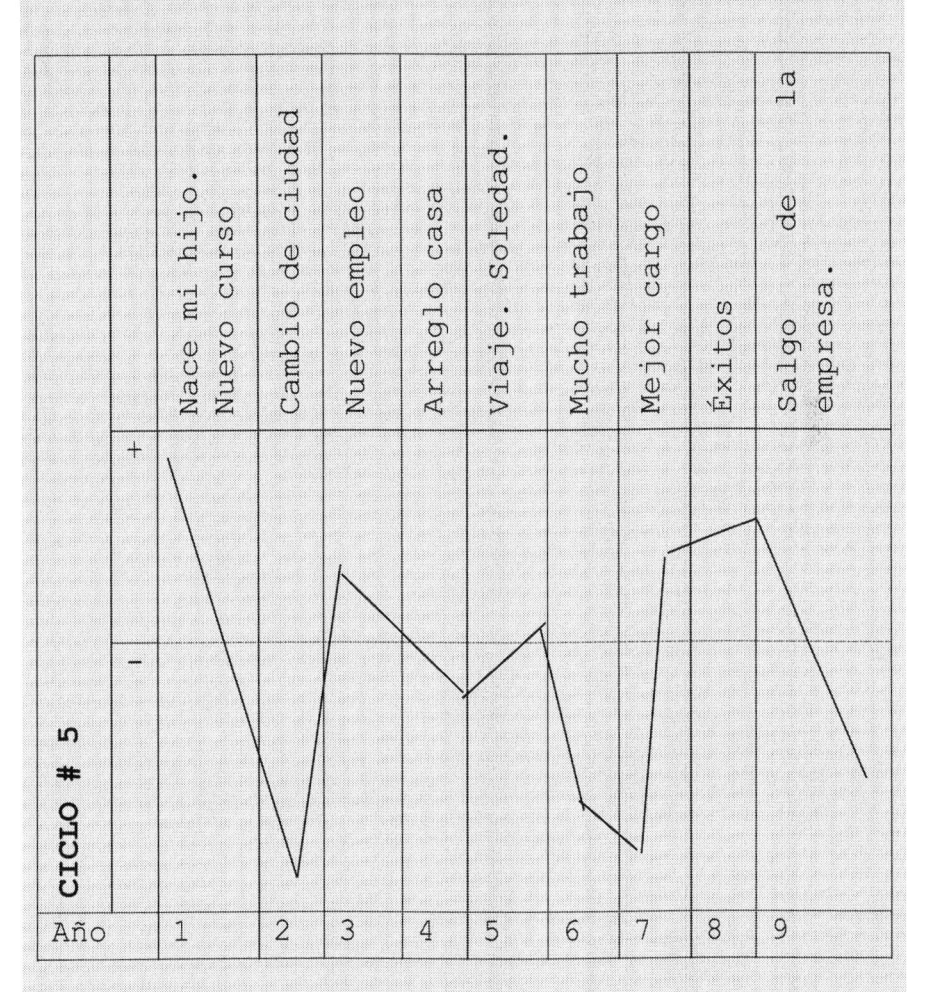

CICLO # 5		Nace mi hijo. Nuevo curso	Cambio de ciudad	Nuevo empleo	Arreglo casa	Viaje. Soledad.	Mucho trabajo	Mejor cargo	Éxitos	Salgo de la empresa.
	+									
	-									
Año		1	2	3	4	5	6	7	8	9

Puedes usar el siguiente modelo para construir cada uno de tus ciclos.

CICLO #	+									
	-									
Año	1	2	3	4	5	6	7	8	9	

Descubrimiento 3: Hallazgos (Saca tus conclusiones...)

- Reflexiona sobre si los hechos te dejaron huellas positivas o negativas y si influyeron en tus decisiones y acciones posteriores. Establece el impacto de dichas acciones en la creación de tu sistema de creencias y valores.

- Algunas cosas suceden porque sí, porque tocaba o porque son parte del destino (por ejemplo, un desastre natural, la muerte de un ser querido, etc.). Escríbelas con un color especial.

- Cuando ya tengas todos los ciclos, revisa las similitudes entre ellos (por ejemplo, si siempre hay una crisis después de que logras una meta difícil) y las grandes diferencias que hay entre los ciclos. Compáralos: ¿se repiten reacciones frente a las circunstancias que te llevan al límite de tu zona de comodidad?

- Detecta dónde has puesto el poder de tu historia, si lo has tenido en tus manos o si se lo has cedido a alguien o a algo. Escribe sobre este hallazgo.

- Analiza y escribe cuál es la razón por la cual lo has cedido, y en qué circunstancias has mantenido en tus manos el poder de tus decisiones. Analiza cómo ha sido la historia que te has dicho de ti mismo en el pasado.

- Observa cuáles son tus habilidades que se manifiestan en esos momentos, en qué espacios físicos se dan esas circunstancias, cómo son las relaciones con los demás en esos momentos específicos, y tus reacciones positivas o negativas. Define qué tanto te escondes tras el deseo de controlar, qué tanto evitas hablar tu verdad o qué tanto huyes de las situaciones que te molestan.

- Establece cuáles son los ambientes en los que florece lo mejor que hay en ti. Esta información te será de enorme utilidad más adelante.

LA BÚSQUEDA

"Ten siempre a Ítaca en tu mente.
Llegar allí es tu destino.
Mas no apresures nunca el viaje.
Mejor que dure muchos años
y atracar, viejo ya, en la isla,
enriquecido de cuanto ganaste en el camino
sin aguantar a que Ítaca te enriquezca.

Ítaca te brindó tan hermoso viaje.
Sin ella no habrías emprendido el camino.
Pero no tiene ya nada que darte.

Aunque la halles pobre, Ítaca no te ha engañado.
Así, sabio como te has vuelto, con tanta experiencia,
entenderás ya qué significan las Ítacas."

Fragmento del poema 'Ítaca' de Constantino Cavafis
Traducción: Pedro Bádenas de la Peña

Son las seis de la mañana. Paula se despierta, toma una ducha caliente, desayuna y se prepara para ir a trabajar. En el recibidor de su apartamento hay un espejo. Se detiene ante él. Sus ojos recorren la figura que refleja. Sí, es ella. ¿Qué me mueve? –piensa. Quiero salir adelante –se responde. Ella quiere aportar su grano de arena para un mundo mejor, demostrarse a sí misma y al mundo que es capaz, quiere ser parte de un equipo de trabajo donde haya amistad y camaradería, y además, quiere tener unos ingresos que le permitan propiciar las condiciones para que su hija pueda llevar una vida autónoma e independiente, pagar sus propias cuentas básicas de vivienda y comida, salir al cine, comprar lo que necesita y viajar.

Llega a su oficina. Observa detalladamente a cada uno de sus compañeros. ¿Qué los mueve a ellos? –se pregunta. ¿Qué llevó a Ulises, el héroe del poema de Homero, a emprender su odisea? El deseo de regresar a Ítaca. Esa fue su búsqueda.

En él, en Paula, en sus compañeros de trabajo y en nosotros, hay un poderoso motor que nos impulsa a salir de la cama, a abandonar la comodidad y saltar al vacío. Ese motor es 'nuestra búsqueda'.

Y puede ser consciente o inconsciente. Puede enfocarse en las condiciones externas o referirse a los anhelos íntimos de nuestra existencia. Las búsquedas externas encubren las llamadas del alma para encontrar el equilibrio y el balance. Son a la vez el motor del cambio, y la manifestación del deseo profundo de romper la cápsula que le impide al alma ser una con la Fuente, expandirse y expresarse a través de la acción.

La búsqueda es también nuestra brújula. Cuando se traduce en objetivos, nos ayuda a permanecer en nuestro cauce y a no ahogarnos en el vaivén de las corrientes impuestas por otros. La búsqueda da piso a nuestros días, sentido a nuestros esfuerzos y significado a nuestras luchas cotidianas. En su versión más amplia, se convierte en nuestro propósito de vida.

La búsqueda tiene origen en las necesidades humanas. Definámoslas como la energía que impulsa a las acciones y conductas. Las necesidades fundamentales son las mismas en todas las culturas y en todos los períodos de la historia. Abraham Maslow[5] y Manfred Max Neef[6] se aproximaron al estudio de las necesidades y establecieron diferentes categorías y jerarquías[7]. En la primera década del siglo XXI Marshall Rosenberg[8] introdujo el concepto de la Comunicación No Violenta[9]. Esta idea que actúa como el pilar de una vida más amorosa y compasiva, parte de reconocer la importancia de las necesidades propias y ajenas, de si están o no satisfechas, y de cómo se expresan a través de nuestros sentimientos y juicios.

Necesidades tales como la subsistencia, el bienestar físico, la protección, la seguridad, el afecto, la participación, el ocio, el juego, el significado, la creación, la identidad, la libertad, la autonomía, la

---

[5] Maslow, A. (1954). *Motivation and personality*. New York, NY: Harper.
[6] Max Neef, M. et alt. *Desarrollo a Escala Humana - una opción para el futuro*, Development Dialogue, número especial (CEPAUR y Fundación Dag Hammarskjold).
[7] Anexo 1 – Pirámide de Necesidades (A. Maslow) y Cuadro de necesidades y satisfactores (M. MaxNeef).
[8] Rosenberg, M. (2003). *Nonviolent Communication: A Language of Life* (2nd ed.). Encinitas, CA. PuddleDancer Press.
[9] Anexo 2 – Listado de necesidades y sentimientos asociados con su resolución. (M. Rosenberg – Centro para la Comunicación No Violenta de Nueva York).

conexión o la paz, son el impulso de nuestras acciones y respuestas. Nos recuerdan que somos parte de la naturaleza que recibe para sobrevivir –agua, aire, alimento– y que da –frutos, semillas, hijos– para perpetuar la existencia de todas las especies.

La mejor forma para detectar cuáles son las necesidades a las que debemos dar mayor atención en un momento determinado, es mirar con detalle los sentimientos y los juicios hacia nosotros mismos, hacia los demás, y hacia las circunstancias que nos rodean, porque las necesidades operan como herramientas de conexión.

Volvamos a Paula. Al llegar a su oficina encuentra que su escritorio está desocupado. Todas sus pertenencias han sido puestas en una caja que se encuentra en el escritorio que está cerca del pasillo que lleva a la cafetería.

Paula tiene motivos de sobra para estar molesta. ¿Qué está pasando? ¿Va a ser despedida? ¿Quién está detrás de este comportamiento tan rudo? La rabia se le sube a la cabeza; pero no es solo rabia, es también tristeza (no merece tal tratamiento), desilusión (le ha invertido los mejores años a esta empresa) y miedo (¿Ahora qué va a hacer? ¿Cómo podrá financiar los gastos de Lucía? ¿Cómo va a pagar las cuotas de su carro nuevo?). Sus necesidades de autonomía, de dignidad, de aprecio, de significado, y muchas más han sido vulneradas.

Al conectarse con sus sentimientos e indagar en las necesidades no resueltas, Paula podrá acercarse a las personas responsables del hecho, pedir las explicaciones necesarias y solicitar que se realicen las acciones que resuelvan sus necesidades, con la actitud y las palabras adecuadas. Si además evita conscientemente 'crear una historia' que afecte su valor personal y su sentido de identidad, podrá hablar sin rabia y sin interpretar lo sucedido como un ataque personal. Descubrirá que la razón para ser removida de su escritorio está relacionada con una inundación que hubo la noche anterior en esa zona y que, por el contrario, alguien trató de proteger sus pertenencias y, por primera vez, pondrá en duda las historias que su mente, la loca de la casa, no cesa de construir en un constante parloteo.

Aunque Paula resuelva sus pequeños problemas en la oficina, lo cierto es que ella no sabe lo que quiere... En realidad, nunca lo supo. Cuando era muy joven se casó con Julián, el guapo con quien todas querían salir. Julián trabajaba en la empresa del padre de Paula y era su protegido. De alguna manera era el 'sucesor' del futuro suegro así que no había escapatoria. Sin embargo, él no quería casarse o tener hijos. Nunca lo dijo. Adoptaron a Lucía. Para entonces, la familia vivía en las afueras de la ciudad, en el pequeño pueblo donde Paula y Julián habían nacido y se habían criado, y donde Lucía podía recibir la formación y el apoyo necesarios para prepararse para una vida adulta independiente. Con el tiempo, la vida en común se convirtió en una pesadilla. Julián se volvió violento psicológicamente y amargado. Paula se sentía ahogada. Su vida había caído en la monotonía; se sentía opaca y sin propósito, consumida por una rutina marcada por comportamientos pasivo-agresivos. Cuando la situación se volvió insostenible, Paula consideró que tenía que huir de ese ambiente y aceptó un trabajo en la capital, sin saber exactamente a qué se enfrentaría. La vida cotidiana se volvió muy difícil particularmente por las enormes demandas de tiempo y dinero que significaban el que Lucía pudiera continuar con la atención personalizada que tenía en el pueblo y que daba clara muestra de estar funcionando. El precio de esta huida fue una enorme brecha emocional entre ella y su hija.

Le pasa a Paula y también a la mayor parte de nosotros. Cuando nos preguntan directamente **-usted, ¿qué quiere?**, la respuesta es ambigua. La mayoría desconoce cuál es su búsqueda vital. En el mejor de los casos, solo sabe que un malestar le acompaña desde hace tiempo. Sabe que se ha vuelto reactivo y siente que le atacan; tienen miedo y rabia hacia su entorno laboral, familiar o social.

¿Por qué hablamos de necesidades cuando estamos definiendo nuestra búsqueda? Porque mirar la realidad en términos de las nuestras y de las de los demás, y analizar si están o no resueltas, nos permite reconstruir nuestra narrativa alejándonos de la tendencia de tomárnoslo todo de manera personal.

Paula tiene la sensación de que la están empujando para que se vaya de la empresa; en el fondo, la idea le produce una silenciosa satisfacción porque es lo que quisiera hacer… pero el miedo a la incertidumbre le gana. Tiene también miedo de conectarse con ella misma y de saber qué es lo que le genera tanta confusión y sentimientos encontrados.

Muchas veces, la película que creamos acerca de la realidad se convierte en el principal obstáculo para la definición de nuestros objetivos, de nuestra búsqueda. La llenamos de 'peros' relacionados con lo que suponemos que es real pero que, en realidad, hace parte de una mirada reactiva de la vida. Les damos a los demás el atributo de controlar nuestro camino cada vez que interpretamos sus actuaciones como si estuvieran dirigidas directamente en contra o a favor de nosotros. Por el contrario, cuando entendemos que todas las personas actúan con el mismo motivo que nos impulsa todos que es el de satisfacer nuestras necesidades —en la comprensión específica que cada quien tenga de ellas— nos habremos liberado de la terrible carga de agradar a los demás y estaremos listos para abrazar nuestro maravilloso poder personal.

Entonces, es un buen momento para hablar de nuestras prioridades, mirarlas a los ojos y entender a qué necesidades apuntan. El tiempo que invirtamos en establecerlas será ampliamente recompensado. Si bien es cierto que es difícil resolver asuntos tales como la conexión o la pertenencia mientras no se tienen resueltos la comida o el techo, también es cierto que cada persona les da a sus necesidades un determinado valor de acuerdo con sus prioridades. Para alguien puede ser más importante tener ropa limpia que ropa de moda, por lo tanto, la primera persona preferirá invertir sus recursos económicos en productos para el aseo y la segunda, invertirá lo mismo en ropa nueva. Entrar en contacto con nuestras prioridades celebra aquello que nos hace únicos en este planeta.

DIMENSIÓN DE LA BÚSQUEDA

Paula resuelve responder a su pregunta vital: qué quiero. Decide analizar sus necesidades y sus prioridades, y cree haber encontrado la respuesta a su búsqueda: quiere abandonar la gran ciudad y dedicarse al arte. Al terminar la jornada de trabajo se reúne con su mejor amiga en el café que queda frente a la oficina. Le cuenta sus planes de viajar a aquel pequeño pueblo donde pasaban juntas las vacaciones de infancia, de invertir los ahorros en un café-librería, y en buscar una vivienda que le permita también montar su taller de fotografía. Su buena amiga le hace las preguntas de rigor: ¿De qué va a vivir durante los primeros meses? ¿Qué tan preparada está para explorar el terreno de lo desconocido, abandonar una existencia en la que tiene resueltas las exigencias cotidianas y empezar de cero? ¿Qué está dispuesta a 'sacrificar'? ¿Quién o qué impiden que ella logre lo que quiere? ¿Qué va a pasar con Lucía?

La respuesta de Paula se encuentra en la capa más superficial de la búsqueda. Si su meta es dedicarse a la fotografía, ¿qué necesidad tiene de cambiar de escenario? Paula no es la única que cree resolver las cosas cambiando de geografía, o de trabajo, o de círculo social. Una introspección más profunda frente al malestar que delata que algo en nuestro interior anhela manifestarse, contempla no sólo el 'qué' y el 'cómo' de nuestra búsqueda, sino fundamentalmente excava en las profundidades de nuestro ser hasta encontrar el 'para qué'. 'Para qué quiero lo que quiero' nos acerca al propósito de vida, y es ahí donde la búsqueda adquiere una dimensión significativa.

Una búsqueda que compromete toda nuestra existencia es digna de cualquier renuncia o sacrificio porque es la llave de salida hacia un universo que nos está esperando, que anhela ser conquistado por nosotros; un universo que nos dará el regalo de la integración, de la realización plena.

La búsqueda implica determinación. Exige tomar impulso, enfrentar al miedo y saltar al vacío. Significa permitir que despierte la semilla, que se despliegue nuestro potencial, que nuestra individualidad salga de su cascarón y brille. Significa también estar en estado de alerta, con los sentidos aguzados.

También exige fe porque el camino será de pétalos y espinas... tendremos que cambiar el paradigma del 'drama' por el de 'todo es perfecto'; saber que los recursos son infinitos, que nuestra tarea es única y que único es nuestro lugar en este mundo. Nuestro potencial se desarrollará cuando demos rienda suelta a nuestra individualidad sin compararnos con otros o idealizar su vida como el modelo perfecto.

Muchas veces nos resulta difícil precisar nuestra búsqueda. Sin embargo, cuando hacemos una observación detallada del entorno, una descripción exhaustiva de nuestra realidad, de lo que queremos y de lo que no queremos en nuestra vida, cuando activamos nuestra atención y concentración sobre lo que estamos viviendo, cuando somos plenamente conscientes del momento presente, de nuestro cuerpo, de nuestros sentimientos y emociones en el ahora, la búsqueda y nuestros objetivos empiezan a tomar forma.

Vale la pena seguir el llamado. Cualquiera que éste sea, en el camino hacia su conquista sentiremos que la vida corre por nuestro cuerpo, que tenemos un lugar en este planeta y que todo lo que hagamos influye en nuestro destino y en el de la humanidad.

Descubrimiento 4: ¿Cuál es tu búsqueda personal?

- Se trata de hacer un trabajo de 'ingeniería invertida' para encontrar cuál es tu búsqueda y reconocer las necesidades, sentimientos y motivaciones que te llevan a ella.

- Haz un listado de tus **prioridades** en este momento.

- Míralas y analiza con qué necesidad se relacionan.

- Revisa el cuadro de necesidades del Centro para la Comunicación No Violenta.

    Por ejemplo:

    Prioridad 1: Encontrar un trabajo que me satisfaga

    Prioridad 2: Vivir rodeada/o de orden y aseo

- Elije una que creas no tener satisfecha al cien por ciento.

    Por ejemplo: No tengo satisfecha la necesidad de conexión.

- Formúlala en términos de una búsqueda visible y concreta en el mundo exterior. Es indispensable recordar que hay una transformación en proceso y que el punto de partida es el presente, el que 'es'.

Por ejemplo:
>   Mi búsqueda es encontrar un trabajo en el que sienta que lo que hago es valioso.

Mi búsqueda es: _____

- ➢ Vuelve a la necesidad elegida.

- ➢ ¿Qué te hace pensar que no está resuelta?

- ➢ ¿Cuál es la interpretación que le has dado a los hechos?

- ➢ ¿Cuál ha sido tu perspectiva frente a ellos?

- ➢ ¿Cuál ha sido tu actitud?

- ➢ ¿Qué sentimientos hay detrás de esa percepción de la realidad?

- ➢ ¿Qué pensamientos los originan?

- ➢ ¿Qué percepciones o recuerdos tienes del origen de esos pensamientos?

- ➢ ¿Qué vergüenzas culturales, sociales, personales o familiares tienes guardadas?

- ➢ Escribe libremente. Deja que las respuestas provengan más del alma que de la mente.

Descubrimiento 5: ¿Cuál es tu propósito?

Llegó el momento de darle una dimensión más profunda a la búsqueda objetiva. La idea es indagar como si fuéramos buscadores de petróleo: yendo a las capas más profundas. La herramienta clave es la pregunta '¿Para qué?' No te dejes engañar cuando encuentres que estás dando respuesta a los por qué… la pregunta es 'para qué' y no 'por qué'.

> Tu punto de partida puede ser un 'qué' visible. Pongamos por ejemplo que tú dices: "quiero vivir en otra ciudad" o "quiero adelgazar" o "quiero cambiar de trabajo" … todos estos objetivos, metas o búsquedas son válidos, pero se quedan cortos en la definición del propósito de vida.

> A esa meta u objetivo, pregúntale 'para qué' y a la respuesta que te des, vuelve a preguntarle 'para qué'… y así tantas veces cuantas sean necesarias hasta que llegues al siguiente punto.

> Cuando tu respuesta contemple estás tres partes, habrás encontrado un propósito:
>   o Un verbo de que sugiera acción
>   o Una persona, grupo que recibe esa acción
>   o La descripción de la acción recibida

Ejemplo: Crear (verbo de acción) nuevas posibilidades laborales (descripción de la acción recibida) para los jóvenes de 18 a 25 años (persona o grupo que recibe la acción).

.

LOS PERSONAJES

Son las doce del día. La nube humana de las grandes ciudades llena los andenes de las principales vías en busca de una pausa en el trabajo cotidiano. Cuando cierro los ojos veo las imágenes reverberantes de rostros que vienen y van, conectados con sus audífonos sin reparar en quién va a su lado, cada cual con su propia película. Cada quién tiene su propia carga de ambiciones, sueños, preocupaciones, historias de amor y dolor, frustraciones y alegrías. La paradoja radica en que somos expresiones únicas de una misma sustancia. Somos una posibilidad que ha tomado cuerpo, que se expresa, que vive una historia; ni mejor, ni peor que la de los demás, simplemente, diferente. Hace algunos días oía decir que cuando hay un grupo de gente reunida, aquel que siente ser el más listo de todos generalmente es el menos. Con frecuencia olvidamos que quienes nos rodean, sin excepción, tienen un universo —cualquiera que éste sea— tan válido como el nuestro.

Gracias a la particularidad de nuestra existencia y a la singularidad de todo aquello que hemos percibido y que reposa en nuestro subconsciente, un mismo asunto tiene interpretaciones totalmente diferentes en dos personas distintas. Nuestra percepción es selectiva y la memoria también. Tomamos datos aquí y allá del presente que vivimos, y llenamos los vacíos de la línea de datos con nuestra mirada de lo que llamamos realidad. Aún las familias que han crecido en la misma casa, con los mismos padres o que han asistido a los mismos colegios, tienen en ocasiones recuerdos diametralmente opuestos o que responden más a los relatos familiares que a los hechos reales.

Si pudiéramos mirar la totalidad en cada uno de nosotros, nos veríamos como una única persona encarnando todas las virtudes y defectos, y enfrentándonos a la proyección de nuestra imagen en un conjunto de espejos que selectivamente reflejan tan sólo una parte de ella. Cuando vemos en los otros la arrogancia, la grandeza, la apatía, la falsedad, la dulzura, la cobardía o la nobleza, en realidad estamos viendo nuestra propia imagen. Por eso es que al entrar en conflicto con aquello que creemos que son 'los otros', realmente nos enfrentamos a nosotros mismos. Nuestro crecimiento personal y transformación dependen de la manera como resolvamos, asumamos e integremos, los conflictos y las sombras.

Como en esta ocasión se trata de nuestra vida, la realidad que cuenta es la que hemos construido nosotros mismos. El primer paso a seguir será internarnos en el vasto terreno de nuestra experiencia para *descubrir* quiénes somos, quién es, realmente, el protagonista de la historia.

EL PROTAGONISTA

Tú eres el *protagonista*. Son tus ojos los que ven la realidad, tus anhelos y tus búsquedas los que mueven la acción; es tu comprensión del mundo la que encuentra sentido a lo que sucede. Tú sabes que "todo lo que vale, cuesta" –como diríamos en Colombia para indicar que no hay gozo sin sacrificio– y estás dispuesto a poner de ti todo lo que tienes, a salir del lugar de lo predecible, a arriesgar todo lo que eres y tienes por una causa que consideras vital.

Entonces, pregúntate: ¿Quién soy yo?

Hemos dicho que en cada uno de nosotros hay tres dimensiones: la Fuente, el alma o fuerza vital, y la persona (máscara). Hemos dicho también que la Fuente –o el nombre con que queramos llamar a la Infinita Inteligencia– es ese campo perfecto, inconmensurable, más grande que nuestras individualidades, que nos contiene e interconecta a todos y con todo, y que el propósito de la transformación es reconocer y expandir nuestro poder personal, para que el alma se exprese en su perfección.

Cuando se habla de la fuerza vital o del alma, puede haber una tendencia a creer que estamos hablando en un lenguaje 'esotérico' o pseudorreligioso. Nada más lejos que esto. El alma se expresa en la acción. Ama la belleza y el gozo. Vibra con la naturaleza. Se regocija con el bien ajeno. Abriga el instante presente. Se nutre del silencio y de la quietud interior pero después se expande, se manifiesta, se convierte en Presencia y desde allí, actúa.

La fuerza vital tiene una expresión real y concreta: ¿Dónde está? Respira, siente esa energía que vive en tu dedo índice, concéntrate en lo que estás haciendo, mira con tus ojos bien abiertos, haz la tarea de oír aquel ruido que está allá lejos... esa Presencia que vive, que está aquí y ahora, es la fuerza vital. Es aquello que tú puedes dar de ti mismo y que mueve no solo tu mundo sino el de todos los demás. Cuando se reconoce la existencia de esa energía dentro de uno mismo y se le permite expandirse y expresarse a través de la conciencia del momento presente, se da el primer gran paso para apropiarse del poder personal, infinito y transformador.

La tarea del protagonista es consigo mismo y con nadie más. Deberá retomar su vida en sus propias manos. Tomará las decisiones, aceptará las consecuencias de sus actos y en el camino, permitirá que se resquebrajen aquellos aspectos de su máscara que impiden la expansión de su fuerza vital. Tendrá que descubrirse en todas sus dimensiones, dejar de lado y para siempre la condición de víctima, abandonar las armaduras que ha creado para 'defenderse' de sí mismo y de los demás, y exponer sus heridas y cicatrices. Se dirá otra historia, una sin culpas, sin vergüenzas; una que lo reconcilie con su identidad, su unicidad, y que le permita entender que siempre ha estado en el lugar adecuado, aun cuando a veces parezca lo contrario.

Los verdaderos protagonistas, esos que nos apasionan en la ficción y en la vida real, son humanos y complejos. Tienen virtudes, cualidades, defectos, contradicciones, arrepentimientos, sueños, anhelos, paradojas... nada más aburrido que un personaje predecible, excesivamente bueno, políticamente correcto y que se comporte de manera impecable en todo momento y lugar. No sólo aburrido sino, de alguna manera, sospechoso.

Sin embargo, todos queremos una vida de completa sinceridad y compromiso. Una vida vivida con todo el corazón, en la que seamos capaces de reconocer nuestras fortalezas y debilidades como algo inherente a lo que en realidad somos, y en la que celebremos la tarea diaria de ser la mejor versión de nosotros mismos.

Ya sabemos que hay una cadena invisible entre las percepciones que se guardan en nuestro subconsciente y nuestro destino. Tales percepciones y mensajes ocultos soportan el sistema de creencias y valores que sirve de sustrato para pensamientos y sentimientos. Estos son a la vez el punto de partida para nuestras motivaciones y acciones, y –de paso– para la creación de los hábitos y el carácter que tendrán incidencia en nuestro destino. Si nos devolvemos en la cadena e indagamos la razón de ser de cada uno de los aspectos más significativos de nuestra vida podremos llegar a la raíz profunda que les da origen.

Como protagonistas, reconocemos que estar bien depende de mí, de la 'historia' que escriba para vivir esta realidad.

Volviendo a Paula. Ella siente que los demás no la valoran profesionalmente porque mientras sus compañeros de trabajo hablan de metas y estrategias, su discurso se centra en Lucía –sus terapias, los gastos que le genera, lo 'buena madre' que ella cree que es…. Al pelar las capas de la cebolla de sus creencias –hablo de cebolla porque habrá lágrimas– encontrará que ella siente y cree que sus compromisos maternales son un obstáculo para su crecimiento personal. Los entenderá como algo que le resta valor porque en su historia familiar las responsabilidades domésticas se consideraron siempre una tarea menor, apropiada para 'mujeres' como una forma tácita de subvalorar al género femenino y a todo lo concerniente a levantar una familia, mantener el orden doméstico, educar a los hijos, etc. Si ella siguiera pelando las capas sobre sus creencias subconscientes relacionadas con su valor personal, llegará a reconocer dos poderosos mensajes que comparte con casi todos nosotros: 'no soy digna de amor y atención' y 'no soy suficiente'.

Al 'hacerle caso' a estos mensajes ocultos hemos puesto en juego nuestro sentido de identidad. Lo que nos decimos de nosotros mismos –en silencio, por supuesto– y la historia que hemos construido a partir de algunas creencias, dan cuenta del efecto devastador de un subconsciente adolorido. Es hora de ir al fondo de las historias y asumir la responsabilidad de nuestros sentimientos; cuando llegamos al 'no soy suficiente' o al 'no soy digno de amor o atención', es el momento de recordar nuestro origen Divino. Sí, Divino con D mayúscula, para recordar la perfección de la que estamos hechos.

Una de las capas de la cebolla más difíciles de enfrentar es aquella que habla de nuestras vergüenzas. Bien sea que se trate de vergüenzas culturales, sociales, familiares o personales, mirar de frente a aquello que las produce exige tremendas dosis de coraje. Hemos comprado modelos de perfección que solo existen en las revistas. La condición económica, el oficio que realizan nuestros padres, el barrio en el que vivimos, la clase social a la que pertenecemos, la obesidad o delgadez, el color de la piel, la forma como nos expresamos, nuestra figura corporal, nuestro rostro, las discapacidades, las enfermedades... las nuestras, las de nuestros padres, las de nuestros hijos... son incontables las fuentes donde tiene origen la vergüenza, ese sentimiento de 'no estar bien' producido por algo que está por fuera de nuestro control.

Y, ¡ni hablar de la culpa! Es ese mismo sentimiento, pero en este caso producto de algo que hemos hecho o dejado de hacer conscientemente. Cambiamos de acera para no saludar a aquel amigo que no sabe que perdimos el empleo, nuevamente, porque no somos capaces de enfrentar la vergüenza. Sabemos que seremos objeto del juicio ajeno y lo evitamos porque en el fondo de nuestro ser, el juicio duele. Hay una herida abierta que hemos cubierto superficialmente con indiferencia, abandono o silencio, porque es más fácil mostrar nuestras cicatrices que ver las heridas abiertas.

Vale la pena que nos detengamos acá un momento para pensar en la culpa. Cuando somos responsables de algo que nos genera este sentimiento entramos en la dupla victimario/víctima. Hemos hecho algo que ha causado daño a otros y/o a nosotros mismos, o alguien nos ha generado sufrimiento y dolor. En esa dupla víctima/victimario, entender el contexto juega un papel en la posibilidad de reelaborar nuestra historia. Un niño que crece en un hogar violento, que es objeto de agresividad física y emocional, tenderá a replicar lo que vive; una sociedad que alimenta la imagen de las mujeres como objeto sexual de colección, no puede extrañarse ante tantísimos casos de abuso y violación en aras de la demostración de la masculinidad. En los casos de violencia, una línea sutil separa al victimario de su condición de víctima. Aun así, su actuar puede ser comprensible pero no será nunca justificable. Sin embargo, si queremos detener la espiral, es necesario abordar de manera crítica los valores sociales y adoptar una nueva escala que anteponga la dignidad de la condición humana a cualquier práctica que atente contra ella.

No todos los casos de culpa implican violencia. Puede tratarse de hechos como haber abandonado nuestros estudios, huido de nuestra pareja, desaprovechado una oportunidad…; si queremos reescribir nuestra historia en términos que nos resulten iluminadores y que nos devuelvan el coraje, la esperanza y el poder, hay que mirar de frente a la vergüenza y a la culpa; la nuestra y la de los demás.

Uno de los factores definitivos en esta tarea es abandonar la condición de víctima. Reconozcamos que detrás de esta condición hay un arsenal de posibilidades. Mencionemos el alcance negativo de algunas de ellas para ver, más adelante, todo lo positivo que nos ofrecen:

La primera, *nuestra capacidad para crear historias*: hemos imaginado un mundo ideal, una situación perfecta, un resultado óptimo, un universo en el que somos importantes; entonces, cuando estamos en la condición de víctima y las cosas no salen como las planeamos o cuando sentimos que algo nos 'amenaza', resolvemos el asunto creando una historia que explica lo que creemos que pasa y nos la creemos de principio a fin.

La segunda, *nuestra habilidad para adjudicar responsabilidades*: decidimos encontrar siempre un responsable externo para aquello que nos sucede y somos muy creativos a la hora de hallarlo. Hacerlo nos alivia —aparentemente— porque traslada la 'culpa' de lo sucedido a las manos de otro y evita que nos miremos a nosotros mismos y que enfrentemos nuestros dolores.

La tercera, *nuestra energía en acción*: cualquier historia que decidimos crear cuando nos sentimos víctimas, sea esta precisa y ajustada a la realidad 'real' o no, pone en acción una buena dosis de energía que se manifiesta en sentimientos tales como la rabia, la frustración, el miedo o la vergüenza, por mencionar algunos. Si nos detenemos a pensar, ese malestar es más con nosotros mismos que con la persona involucrada en la historia, pero como no lo podemos expresar lo volcamos contra otros –generalmente contra aquellos que más nos aman o que son más débiles– para perpetuar una cadencia de violencia soterrada que solo trae infelicidad. En otras ocasiones los dirigimos contra nosotros mismos y afectamos nuestra salud –comemos como si fuera el día del juicio final–, compramos o gastamos lo que sabemos que no podremos pagar y nos castigamos con el uso del dinero, o dañamos nuestras relaciones afectivas con agresión gratuita.

La tarea del protagonista a lo largo de este viaje será testear qué hay detrás de las historias que se ha dicho para crear una nueva narrativa. Deberá recordar que sus percepciones le han dado una información fragmentada y que su versión de los hechos siempre está creada por las historias con que ha rellenado los vacíos de su percepción. Es en este punto en el cual las posibilidades que usó para sostener su condición de víctima, pueden ser usadas de una manera mucho más creativa y estimulante.

En el ejercicio de una nueva narrativa de sí mismo, el protagonista usará su capacidad para crear historias. Una de las estrategias que se utiliza en la escritura de ficción es diseñar el final antes de decidir el comienzo como eje del arco de transformación. Si conocemos el punto Z de nuestra historia, llegar al punto A de partida será un proceso orgánico. Como se trata de reescribir nuestra historia, es muy probable que los finales ya estén dados, que no nos sea posible cambiarlos; aun así, podemos reescribirlos, podemos verlos con otros ojos.

Tomaré un ejemplo de la vida real que surgió en uno de los talleres piloto para recuperar el poder personal a partir de reescribir nuestra propia historia. Una de las asistentes, quien me permitió usar su historia y a quien llamaré Alicia, durante el taller nos cuenta lo siguiente: Alicia, abatida, siente que perdió los mejores años de su vida al lado de una pareja alcohólica y violenta. En la historia que guarda en su memoria, ella, la víctima de un marido inconsciente, termina en un avión, en un vuelo hacia un lugar totalmente nuevo y desconocido, con la natural aprehensión que trae cualquier cambio de destino.

Alicia decide reescribir esta parte de su historia que empieza con el momento en que la relación romántica se convierte en una pesadilla. Hasta ese momento, Alicia había puesto en su pareja la causa y razón de sus sentimientos de infelicidad.

En un determinado momento de la reescritura del relato, Alicia busca cuál fue el detonante que determinó el curso de las acciones futuras. Ella vivía en una casa rural no muy lejos del pequeño pueblo al que iba todos los fines de semana. Un sábado tomó su bicicleta y fue hasta la plaza central para comprar el mercado. El aire fresco en su cara despertó su memoria. Recordó que desde su adolescencia se había resistido a cualquier atadura que minara su libertad. Al llegar a la plaza el aroma del pan fresco la puso en contacto consigo misma y con sus emociones. Las sintió en su cuerpo, reconoció lo que estaba sucediendo y, en lugar de evadirlo, lo enfrentó cara a cara. Decidió entonces poner punto final a su fallida historia de amor. Regresó, retomó el aliento y comunicó su decisión de marcharse.

En este momento vemos la imperiosa necesidad de conectarnos con nuestro cuerpo, nuestras emociones y sentimientos porque, como veremos más adelante, estos son la llave para descubrir los motivos de nuestro malestar y para abrirnos a nuevas perspectivas.

Al hacer un recuento detallado de los hechos que conserva en su memoria, Alicia reconoció *su habilidad para adjudicar responsabilidad.* Asumió la que ella tiene sobre su felicidad y su libertad, y le quitó el poder que su ex pareja tuvo sobre ellas. Supo, en un instante de epifanía, que sólo ella podía hacer por sí misma lo que su alma y su cuerpo le pedían. Nadie más. El detonante que la llevó a tomar decisiones activó *su energía en acción* y con ella, la determinación de cambio. Al reescribir su historia, Alicia reconoció que, en el trayecto a su nuevo destino, un sentimiento de resurrección se había apoderado de ella.

De esta manera, Alicia ayer, Paula hoy, y tú o yo mañana, rompemos el ciclo de crear narrativas que nos traen sufrimiento, o que nos llevan a repetir experiencias desagradables. Hemos decidido ponernos a nosotros mismos como prioridad porque sabemos que detrás de cualquier cambio siempre hay una opción, una elección y una decisión, y que es un asunto de determinación. A partir de entonces, abandonamos para siempre la condición de víctima. Y aquí, las palabras que decimos de nosotros mismos o de nuestra historia, cuentan.

La reconstrucción de nuestras historias, desde la perspectiva de la expansión de la fuerza vital, permite que salga a la superficie el heroísmo con el que hemos superado nuestras crisis. Esa es nuestra grandeza; nuestro camino heroico está pavimentado con el valor de las pequeñas acciones; reconocerlo nos devuelve el poder. Este cambio también lo perciben los demás y por ello sus acciones en relación con nosotros serán diferentes.

Mientras más consciencia tengas de tu historia, de tus elecciones o no elecciones, de tus decisiones o no decisiones, mayor poder personal surgirá en el momento de reescribirla.

EL ANTAGONISTA

¿Qué más necesita el protagonista para su viaje? Ahora que ya preparó aquello que realmente le va a ser de utilidad, tendrá que buscar con quién viajar. No hay compañías gratuitas en este paseo que llamamos vida. Todos aquellos que conocemos y que nos acompañan, la geografía en la que habitamos, la familia a la que pertenecemos, la sociedad en la que nos movemos y el país que nos vio nacer, tienen una función en nuestra historia. También nosotros tenemos una en la de ellos.

El protagonista decide emprender el viaje porque una fuerza superior a su inercia lo lleva tras una búsqueda. Si simplemente se tratara de ir por ella, la historia sería tan elemental como ir a comprar el pan en la tienda de la esquina. Nada digno de ser contado y nada parecido a lo que es la vida real, porque en la de todos nosotros aparecen los obstáculos y quienes los encarnan. El rol del *antagonista* es exactamente ese: oponerse a que logremos nuestro propósito.

En términos generales, el antagonista se define como un personaje cuya función dramática es ser la fuerza de contradicción. Es más fuerte y más astuto que nosotros. Tiene más recursos y tiene su propia búsqueda: impedir que tengamos éxito con la nuestra. A pesar de ser más débiles y de tener menos recursos, nuestra determinación despierta la sagacidad, la inteligencia y en ocasiones hasta la fuerza física, y actuamos con tal heroísmo que hasta nosotros mismos nos sorprendemos de lo que hemos hecho.

La propuesta en esta aproximación a la reescritura de nuestra historia es ir más allá de la tradicional idea del antagonista. La nuestra es una cultura de competencia que nos ha vendido las ideas de escasez y limitación. Suponemos que los recursos son pocos y que, si alguien consigue lo que yo quiero, no habrá posibilidades para mí. De ahí surge la tendencia a ver como una amenaza a todo aquel que sueña con algo similar a nuestros propios sueños.

En una de las actividades de los talleres del Poder de tu Historia se pregunta a los participantes quién, qué o cuál es el mayor obstáculo para la consecución de sus metas. La respuesta general, enunciada directa o indirectamente, es el miedo personal: miedo al fracaso, al ridículo, al qué dirán, a la auto desilusión y, con más fuerza, al éxito. No hubo una persona que señalara a otra como la barrera o el freno para la realización de los propósitos personales.

Con frecuencia el miedo impide que logremos nuestros objetivos; pongámosle cara y nombre a ese miedo. En la reescritura de nuestra historia podemos darle vida a un antagonista que sea la suma de todo aquello a lo que tememos y que a la vez represente a las personas que habitan nuestro mundo real y que son, han sido o fueron aparentemente, un obstáculo para nuestro crecimiento.

Desde esta perspectiva, los antagonistas aparecen todos los días y pueden ser uno o varios. Puede tratarse de alguien que encarna lo que más nos desagrada o alguien a quien amamos pero que simplemente tiene intereses que están en contradicción con los nuestros.

Puede estar más cerca de lo que creemos, ser nuestra pareja, un hijo, el jefe, un colega; esa 'piedra en el zapato' que hace su aparición en muchos de nuestros pensamientos y diálogos diarios.

El antagonista puede ser también el entorno en el que nos movemos, una catástrofe de la naturaleza y, como dijimos anteriormente, en la mayoría de los casos, somos nosotros mismos, ese 'yo' con el que batallamos a diario.

Una de las afirmaciones más difíciles de digerir es aquella de que todas las características que aborrecemos de los demás son reflejo de nosotros mismos. Ellos son nuestro espejo. Nos hablan de nuestra sombra, de aquello que nos habita. En el momento menos pensado, la bestia se despierta y lo que hemos reprimido se manifiesta.

Como en la vida real, los otros personajes sólo sirven para mostrar nuestras propias luces y sombras. Generalmente pasamos por alto las cualidades ajenas; podemos reconocerlas, sí, pero las damos por sentadas, nos resultan naturales y sólo en contadas ocasiones hacemos explicita su grata existencia. Sin embargo, difícilmente podemos evitar que los defectos de los demás no nos violenten. ¿Por qué nos resultan tan incómodos? Porque reflejan aquello que también habita en nuestro interior, ese pequeño monstruo que rechazamos, aquel a quien le hablamos en voz baja para que permanezca dormido y no ponga en evidencia que nosotros estamos hechos de la misma pasta que nuestro "adversario".

Recuerdo el malestar que esta idea me produjo la primera vez que tuve contacto con ella. ¿Cómo podría 'yo' ser igual de egoísta, pretenciosa, arribista, farsante o tacaña a la persona que tenía frente a mí, quien era mi dolor de cabeza? Con el correr del tiempo acepté la idea. La vi real en mí y en todos. Nadie se salva de poseer todo lo bueno y lo malo de la condición humana, bien sea que esté adormecido o activo, porque al final de cuentas somos Uno.

De ahí la idea de tratar al antagonista con respeto. Como si se tratara de un prisionero de guerra, tendremos que reconocer en él su dignidad y actuar en consecuencia. Habrá también que darle las gracias pues está cumpliendo un rol, porque para nosotros es una oportunidad de aprendizaje y porque cataliza la acción de nuestra fuerza vital; esta fuerza antagónica es la que nos obliga a salir de la zona de comodidad y a crecer.

OTROS PERSONAJES ARQUETÍPICOS:

En este punto aparece de nuevo la paradoja. Si bien es cierto que nuestra historia personal es única por ser producto de condiciones, pensamientos, percepciones, decisiones, gustos e ideas específicas que pertenecen sólo a nosotros, los elementos que la conforman —como un todo— no difieren en esencia de aquellos que configuran las historias de los demás, cualquiera que sea su tiempo, su cultura y su geografía. Por tal razón, la estructura y los personajes que la habitan, configuran los arquetipos de aquello que Carl J. Jung definió como el inconsciente colectivo.

Las funciones arquetípicas pueden estar presentes en cualquiera de los personajes de nuestra historia y no son fijas. En ocasiones nuestro mejor amigo puede ser un mentor y días después, nuestra mayor pesadilla. Aun cuando la lista de personajes arquetípicos es mucho más extensa de la que aparece a continuación, detectar las funciones en los personajes que han hecho parte de nuestra historia resulta de gran utilidad en el momento de reconocer dónde está nuestro poder personal en determinados momentos, y qué rol desempeñan estos personajes en nuestro viaje.

Volvamos a Paula.

Está saturada con la vida que lleva, se levanta con dificultad en las mañanas, a lo largo del día, realiza simplemente las actividades que le asignan. Ha perdido el entusiasmo, el brillo, la alegría. Se mueve como autómata. La tranquiliza —eso cree ella— mirar por horas las páginas de las redes sociales para saber qué hacen los demás. No tiene norte y ya no sabe quién es realmente, cuáles son sus fortalezas o sus debilidades. Su vida ha ido perdiendo sentido.

Una mañana llega a su puesto de trabajo un compañero y le comenta que antes de terminar el mes, la compañía despedirá a la mitad de los empleados. Él cumple en este momento la función arquetípica del **heraldo**, el personaje que anuncia la proximidad de un cambio. Inquieta por la noticia, Paula busca a Tomás, un antiguo jefe de la oficina de Relaciones Humanas quien fue también su profesor en la universidad. Por supuesto, la Paula de ahora no es sombra de la que fue en aquellos años universitarios. Después de sugerirle que para la empresa será muy difícil encontrar a alguien con su perfil y que seguramente eso hará que haya una oferta tentadora así que deberá estar preparada para enfrentar el dilema de irse o quedarse, Tomás la insta a reflexionar sobre qué tanto este trabajo llena su vida; sus palabras la confrontan, la obligan a salir del territorio de lo conocido. Su antiguo jefe y profesor actúa como **mentor**, el personaje arquetípico que representa la parte más sabia y noble que habita en todos nosotros cuya principal función es la enseñanza.

Paula regresa a su puesto de trabajo y encuentra que su compañero, obsesionado con el orden, ha decidido arreglarle su escritorio mientras ella estaba en la oficina de Relaciones Humanas. Él actúa ahora como el arquetipo del **guardián del umbral**, quien representa los obstáculos y las neurosis en nuestra vida cotidiana. En su afán por hacer más fácil la vida de Paula, lo único que ha logrado es complicársela pues un documento que era muy importante para ella, fue a parar a la basura.

Desesperada, Paula contiene las lágrimas hasta que llega al baño. Allí llora sin darse cuenta de que una de sus compañeras de proyecto está también allí. Hasta el día anterior, su compañera actuaba como si Paula no existiera, pero hoy, no solo la consuela sino de alguna manera, la adula. De su boca se filtra que Paula está siendo considerada para ser la nueva jefe del proyecto. La compañera simboliza el arquetipo del **camaleón**, quien representa las fuerzas reprimidas del ánima y el ánimus, y quien tiene como función introducir la duda.

Afortunadamente para Paula, al mismo lugar llega otra de sus compañeras quien ha sido siempre su amiga, su compinche. Este rol es conocido como el del **escudero** y tiene la función de ser el alter ego, el aliado incondicional. Paula regresa confundida y con sentimientos encontrados a su puesto de trabajo, pero rápidamente su ánimo cambia. Uno de los compañeros recibe la carta de despido que todos temen, pero a diferencia de ellos, la considera una bendición. Con su consabido sentido del humor, la obliga a poner los pies en la tierra y le hace ver la inutilidad de aferrarse a algo que no la hace feliz. Es el **bufón**, un arquetipo que nos señala la locura y la hipocresía, al tiempo que nos permite reír.

Paula decide que es hora de tomar las riendas de su vida. En lugar de convertirse en el cadáver de un empleo que detesta, asume su responsabilidad, decide que es hora de renunciar y de emprender un camino nuevo. En este momento, Paula se convierte en **héroe**, un arquetipo que representa al ser humano en su búsqueda de identidad e integridad.

Sin embargo, la espera una larga tarea: tendrá que enfrentar a su jefe directo y hacerle saber su decisión. Sabe que él utilizará todos los mecanismos a su alcance para evitarlo. Para ella, él representa el poder de los sentimientos reprimidos. Es su **némesis**, su sombra. Su función será desafiarla, ponerla a prueba.

Descubrimiento 6: ¿Quién es el protagonista real de tu historia?

➤ Describe brevemente a la familia en la que naciste (País, cultura, nivel socio-económico, religión, filiación política, número que ocupas entre tus hermanos, composición de la familia).

➤ Describe brevemente el sistema de creencias y valores de tu familia (Qué tanto se identificaba la familia con las creencias religiosas y políticas; qué valor le daba a los ritos; qué tan cómodos se sentían con el mundo exterior; qué tan incluyentes o excluyentes eran; cuáles eran los imperativos morales; quién decía la última palabra; qué tanta igualdad había dependiendo del género o posición que se ocupara en la familia; qué tanto se dejaban obnubilar por el dinero, la posición social o la fama, cuál era el 'deber ser' imperante... etc.).

➤ Describe brevemente el entorno emocional de tu familia (Qué tan propensos eran a los resentimientos; qué vergüenzas o culpas de la historia familiar había; qué tanto se hablaba de ellas; de qué se enorgullecía la familia; qué temas se hablaban abiertamente y cuáles eran tabú; cómo eran las relaciones de autoridad; cómo eran percibidos por la familia extendida y qué impacto tenía esta mirada sobre la familia nuclear; qué tan felices eran... etc.).

➢ Describe brevemente tu experiencia escolar de los primeros años (Tipo de escuela a la que asististe, nivel de popularidad o impopularidad en tu grupo, nivel de aceptación o rechazo, materias preferidas y los maestros o maestras que influyeron en ti, actividades preferidas y aquellas que no te gustaban, relación con la autoridad escolar.

➢ Describe brevemente tus años de adolescencia (Relación con tu familia, maestros y amigos; eventos difíciles de resolver; hechos relevantes que te llenan de orgullo; percepción de rechazo –de quién– o insuficiencia –por qué–; percepción de pertenencia –a qué, cómo se expresaba–; despertar de la sexualidad; primeros romances; motivos de vergüenza personal; orgullo y logros personales.

➢ Mírate hoy: como protagonista, ¿cuáles son tus contradicciones? ¿Cuáles tus fortalezas y debilidades? ¿Qué te gusta de ti mismo y qué no? ¿Qué quisieras cambiar? ¿Qué elementos de tu infancia, tu adolescencia y los primeros años de la edad adulta se manifiestan en tu presente? ¿Qué tanto pesan en tus gustos o aversiones? ¿Qué sueños dejaste de cumplir? ¿Qué motivos tienes o has tenido? ¿Qué motivos secundarios o causas hay detrás de cada uno de las motivaciones que planteas? No lo juzgues, simplemente descríbelo como si se tratara del personaje de una novela o un film.

Para reconocer al protagonista, pregúntate y responde:
- ¿Quién soy hoy?
- ¿Cómo soy?
- ¿De dónde vengo?
- ¿Hacia dónde voy?
- ¿Cuál creo que es mi propósito?
- ¿Qué creo qué haría realidad mi propósito?
- ¿Cuál sería la mejor versión de mí mismo?

Descubrimiento 7: Descripción del antagonista

➢ ¿Quién o qué te impide lograr lo que buscas?

➢ ¿Qué motivaciones tiene para impedir que lleves a cabo tu búsqueda?

➢ Después de describirlo, obsérvalo. ¿En qué forma te deja ver tus propias luces y sombras?

➢ ¿Por qué te resulta tan incómodo?

➢ ¿Qué parte de ti refleja?

➢ ¿Qué aprendes de tu antagonista?

El antagonista de mi historia es... y quiere impedir mi búsqueda porque...

Descubrimiento 8: Descripción de los otros personajes arquetípicos de la historia

- Define a los otros personajes que desempeñan roles arquetípicos en tu vida. Reconoce la función que han tenido.
- ¿Quiénes han sido "heraldos" en tu vida? ¿Qué aportan?
- ¿Quiénes han sido tus "mentores"? ¿Por qué han sido importantes?
- ¿Quiénes han sido los "guardianes del umbral"? ¿En qué circunstancias actúas bajo ese arquetipo?
- Mira quiénes han sido en tu vida los "camaleones", los "bufones" y los "escuderos".
- ¿En qué momentos se ha despertado "el héroe" en ti?
- ¿Qué aprendes de estos personajes arquetípicos? ¿Qué te muestran de ti mismo/a?

Los otros personajes de mi historia son: ... y sus funciones son....

¡MANOS A LA OBRA! UN VIAJE EN TRES ACTOS

DESPIERTA:
¡ABRAZA LA AVENTURA!

En el segmento anterior preparamos el equipaje para el viaje, invitamos a nuestros acompañantes e hicimos la tarea juiciosa de explorar nuestro interior para conocer quién es en realidad la persona que vive esta aventura, qué quiere, qué está dispuesta a vivir y a sacrificar, y qué tanto quiere crecer.

Después de hacer los descubrimientos sugeridos en el capítulo anterior, habrás analizado cada uno de los ciclos de tu vida y ya estarás lista/o para mirar tu historia con otros ojos y crear tu realidad con la ayuda de una nueva narrativa. Tal vez hayas encontrado que hubo momentos incomprensibles, turbulentos o dolorosos. Recuerda que se trata de reconocer el valor y el coraje con que hemos vivido los baches del camino porque es ahí donde radica nuestra grandeza. La tuya y la de todos los demás.

Como si se tratara de un diseño fractal, aquello que vivimos en pequeño –los asuntos de la vida diaria y la forma como los resolvemos– lo vivimos también en lapsos de mayor duración. Los ciclos de nuestra vida están compuestos por varias etapas; empiezan con algo nuevo; puede ser que nace nuestro primer hijo, o que empezamos un nuevo trabajo. Le sigue un momento de maduración y desarrollo en el que hay éxitos y fracasos, logros y obstáculos, momentos de gozo y de malestar; y ¡terminan! Siempre hay un final. Terminamos una relación, nos fuimos de la ciudad que nos vio nacer, terminamos la educación elemental... la vida es un juego de comienzos y finales. Cada uno de estos fragmentos puede durar unas horas, un día, un mes, un año, o un ciclo completo de varios años. Empiezan generalmente con una búsqueda lo suficientemente relevante como para activar en nosotros la determinación de lograr un objetivo.

Sería pretencioso e ingenuo, si se quiere, pensar que la vida se puede planear al dedillo en una hoja de Excel y que el resultado va a ser siempre idéntico a lo planeado. Sin embargo, si revertimos el proceso fractal de la pequeña búsqueda y la proyectamos a su expresión ideal, tendremos al menos una *visión* que nos sirve de faro, que estimula nuestra autonomía y alimenta nuestra determinación. Aprenderemos a "derivar en estado de alerta[10]", a ver el horizonte en nuestro viaje. Una clara idea de este proceso es la historia que cuenta Anne Lamott en *'Bird by bird'*[11]. Su hermano tenía que realizar un libro sobre pájaros para su clase de ciencias y estaba agobiado con la magnitud de la tarea. Su padre le aconsejó que hiciera el estudio de un

---

[10] Max Neef, M. (1991) Disertación "De la esterilidad de la certeza a la fecundidad de la incertidumbre" – Bogotá, Colombia. Primer Congreso Internacional de Creatividad.
[11] Lamott A. (1995) *Bird by bird*. Anchor Books

pájaro a la vez... y luego otro, y luego otro hasta completar la colección teniendo siempre en su cabeza la idea del libro completo.

Al seguir el modelo del Viaje del Héroe propuesto por Campbell y Vogler nos conectamos con una estructura arquetípica que trasciende nuestras circunstancias particulares e insertamos nuestra experiencia en la idea colectiva del eterno retorno, el continuo nacer y morir que subyace en cualquier transformación.

Por esta razón abordaremos con una mirada diferente cada uno de los pasos del viaje propuestos por estos autores. En cada uno de ellos desarrollaremos una *habilidad* que nos será de gran utilidad en el momento de mirar nuestra historia y de crear una nueva narrativa de la misma, sondearemos un episodio del pasado que se ajuste a este momento del viaje, y proyectaremos hacia adelante la historia que queremos construir y hacer realidad desde el instante presente para entregarle al mundo lo mejor que tenemos, vivir nuestra vida al 100% y aprovechar hasta el último instante de esta existencia.

A partir de este momento empezarás a recrear y crear para reconocer el poder de tu propia historia. En este momento, se trata de describir un episodio, circunstancia, momento o periodo de tu vida en el cual puedas reconocer la existencia de una fuerza transformadora que convirtió un hecho aparentemente negativo en una fuente de poder o aprendizaje; un momento en el que, viéndolo en la perspectiva del tiempo presente, superaste la adversidad. A este hecho lo llamaremos de ahora en adelante la 'Experiencia poderosa'.

¿Dónde está el poder? – La 'Experiencia poderosa'

- Elije un episodio difícil de tu historia y descríbelo detalladamente, tal como crees que sucedió. Detente en el punto en que algo duela, siente dónde duele y dale la bienvenida a la sensación.

- Considera esa sensación y el momento que evoca como un gran punto de giro que tendrás en cuenta más adelante. Observa la experiencia.

- En seguida, describe la energía que se puso en marcha para superar la adversidad.

- ¿Cómo percibes tu valor personal en esta historia?

- ¿Qué cambia en tu interior cuando reconoces la energía que transformó la situación?

- ¿Qué clase de palabras (positivas/negativas) usas para describir la situación?

- ¿Qué descubres acerca de tu poder personal?

- Ahora, reescribe el episodio haciendo énfasis en la capacidad que tienes para transformar la adversidad. Hazle justicia a tu fuerza interior. Escribe el episodio sin paranoia, sin sentimientos de ataque ni resentimientos sino más bien como un evento revelador de tu grandeza.

- ➢ A partir de este momento, este fragmento será llamado la **'Experiencia poderosa'** y será la base de los ejercicios siguientes. Descríbela con todos los detalles posibles. Tráela a tu mente. Siéntela.

Primera habilidad:
Observar

(El mundo ordinario en el viaje del héroe)

Son las 6:00 de la mañana. Sobre la mesa de noche de la habitación de Paula hay una foto de ella con una adolescente a quien abraza en la playa. Suena la alarma del teléfono. Paula se levanta de la cama sin pensarlo dos veces. Se dirige al baño y abre la ducha. Se mira al espejo. Observa las arrugas incipientes de sus 42 años. Tantea la temperatura del agua. Mueve la manija de la ducha hasta el punto donde el agua debe estar más caliente. Espera. El agua sigue helada. Suelta una grosería. Cierra la ducha. Se dirige a la cocina y abre la nevera. Está casi vacía. La cierra con fuerza. En la puerta del refrigerador hay una factura de gas que está vencida. Calienta agua en la jarra eléctrica. Busca una taza; no hay ninguna limpia. El lavaplatos está lleno de loza sin lavar. Regresa a su cuarto. Abre el armario. En él hay cerca de cuarenta pares de zapatos. Se viste rápidamente, revisa su teléfono. Tiene un mensaje que dice: "ma... ¡llámame!". Se lava los dientes, vuelve a la cocina, saca un vaso desechable, se sirve algo, toma la factura del gas de la puerta del refrigerador y sale de su casa.

¿Qué te dice la descripción anterior sobre Paula? ¿Qué tan claras te quedan sus prioridades? ¿Qué puedes deducir de su satisfacción personal? ¿Quién hay en la vida de Paula? ¿Qué idea te da del cuidado que tiene de sí misma?

Bien puede ser que ella esté atravesando por un momento coyuntural complejo o que éste sea el estado permanente de su vida;

sea lo que sea, el mundo exterior habla a gritos de nuestra realidad interior.

Todas las historias, la de Paula y la nuestra también, empiezan con la descripción del mundo ordinario en el que vive el protagonista. La primera tarea en la reescritura de nuestra historia está lejos del computador, el lápiz y el papel. Activamos la **observación** como primera habilidad para este viaje. Cualquier proceso que proponga restaurar nuestro poder personal exige altas dosis de conciencia y una entrega total al instante presente y a la realidad.

La mayor parte del tiempo estamos adormecidos, caminando como autómatas, hablando sin oír ni oírnos, comiendo sin saborear y desconectados de nuestro ser. Un proceso consciente de observación facilita la entrega total a lo que estamos haciendo, y como entrega que es, nos ofrece un instante para la generosidad. El gimnasta olímpico lo sabe, el orador público también. Sus movimientos y sus palabras brotan con facilidad; la audiencia o el público los reciben con asombro, pero desconocen que detrás de lo que fluye hay horas y horas de observación, prueba, ajuste, nueva observación, nueva prueba, nuevo ajuste. Esta actitud consciente de entrega permite que tengamos tiempo de calidad con nuestra familia, nuestro trabajo y con nosotros mismos, simplemente porque estamos realmente *aquí y ahora*.

Regálate la oportunidad de observar el mundo ordinario del protagonista —es decir, el tuyo— con todos los detalles que hablan de ti y de tu historia personal, pero por favor, no te juzgues. Mira detenidamente y analiza activamente todo lo que te rodea. No hay nada 'bueno' o 'malo' en sí mismo. Supón que tus ojos son una cámara. Concéntrate en lo visible y en las acciones, y evita referirte a lo que tu protagonista 'piensa'. Pregúntate si lo que ves habla de tu auténtico ser o si te has rodeado de armaduras para protegerte de los demás, para agradarles o para encajar en un grupo específico. No cambies nada. No ahora. Llegará el momento en que lo que es real para ti, será lo que permanece.

> Práctica 1: Observar
> - ✓ Para fortalecer la habilidad de observar puedes realizar la siguiente práctica: Entra a un lugar nuevo para ti (una tienda, una oficina, un banco, etc.).
> - ✓ Obsérvalo detalladamente mientras cuentas hasta diez.
> - ✓ En ese momento cierra los ojos y recrea el espacio que acabas de ver, la gente que está ahí, la forma como están vestida, las palabras que alcanzaste a oír.
> - ✓ Supón que has sido el testigo principal de un hecho y que hay una investigación en curso que depende de los detalles que suministres.
> - ✓ Repite esta práctica en distintos entornos y a lo largo de la semana. Empezarás a encontrar el encanto de vivir en el 'presente'.
>
> En la vida real...
> - ✓ Desarrollar esta habilidad te pondrá en el presente.
> - ✓ Vivir en el presente te ayuda a estar agradecido por lo que eres y tienes.
> - ✓ La gratitud te conecta con la paz interior.
> - ✓ La observación despierta tu curiosidad.

> - ✓ La curiosidad tes lleva a mirar la vida desde distintos ángulos.
> - ✓ La curiosidad amplia tus horizontes.
> - ✓ Encuentras oportunidades que no habías detectado.

Todos tenemos un 'mundo ordinario'. El portero y el presidente de una compañía tienen un mundo ordinario igual de valioso. Los dos quieren sentirse orgullosos de sus hijos, lamentan la muerte de sus amigos, quieren tener un rato de diversión, valoran la confianza y la justicia, entre otros. En una y otra casa se usan los baños, se come, se llora, se ríe, se guardan los dibujos de los hijos cuando eran pequeños, se sueña con un futuro, hay gripa, se llevan las cuentas de lo que hay y de lo que falta; no te dejes engañar pensando que la vida de otros es mejor que la tuya. Como dicen por ahí, nadie sabe lo que sucede debajo de las sábanas. Contempla tu mundo ordinario con gratitud. Está lleno de regalos. Por difícil que sea, estás respirando. Ya eso es un privilegio.

Ahora sí, después de una observación exhaustiva y amable de tu vida presente –o de las nuevas circunstancias que has decidido crear– es hora de pasar tus hallazgos a una hoja de papel o al computador. Utiliza un lenguaje descriptivo y evade los adjetivos. Esto te ayudará a evitar los juicios y te permitirá una mirada neutral de tu historia. En la medida en que vayas avanzando en tu relato, los valores, emociones intensas y los asuntos por resolver saldrán a la superficie de manera natural.

A partir de este momento construiremos una nueva forma de ver nuestra vida; le pondremos atención a las habilidades que nos proponemos desarrollar en cada etapa de este viaje.

Ejercicio 1: El mundo ordinario

Para tener en cuenta...

- ➢ En cada una de las etapas del viaje escribirás dos párrafos. El primero de ellos estará referido a la '**Experiencia poderosa**' del pasado, y el segundo se referirá a tu situación del momento presente, tus sueños, planes y anhelos.

- ➢ La idea de esta aventura creativa es estimular el uso de las acciones para describir la realidad que hay detrás de ellas. El propósito es alejarnos de lo simplemente descriptivo y entender que todo –especialmente nuestras acciones, habla de nosotros (nuestro entorno, la forma como vestimos, nuestras elecciones). Si te sirve de ejemplo, revisa nuevamente el mundo ordinario de Paula.

- ➢ El mundo ordinario se describe con acciones que dan cuenta de dónde y con quién vive el protagonista, a qué se dedica, cuáles son sus gustos y aficiones, en qué invierte el tiempo libre, qué lo preocupa, qué edad tiene, si pertenece o no a algún grupo especial, y en general, acciones que hablen de él o ella y de todas sus características.

- ➢ Algunas acciones dejan ver aquellas cosas que el protagonista ama y aquellas a las que teme, así como la forma como se relaciona con los demás. Otras, darán cuenta de su pasado familiar, de su ubicación en la sociedad, y de la relación con su familia y con el establecimiento.

➢ Describe cómo era **'El mundo ordinario'** de la **'Experiencia poderosa'**.

➢ Describe cómo es **'El mundo ordinario'** de tu presente.

Segunda habilidad: Abrir la mente

(La llamada a la aventura en el viaje del héroe)

Después de atravesar la ciudad, perdida en sus pensamientos y dudas, Paula se baja del taxi en la puerta de su oficina. Toma el ascensor y llega al piso donde trabaja. Como todos los días, se dirige a la cafetería y se prepara un café. Con la bebida caliente entre sus manos camina hasta el ventanal desde donde se divisa la ciudad en toda su dimensión. Paula suspira. Sin mayor entusiasmo regresa a su puesto. Toma el teléfono para llamar a su hija, pero un post de una red social le llama la atención. Se trata de una naciente organización sin ánimo de lucro que acaba de abrir oficinas en una ciudad de sus afectos. Una llamada telefónica la trae a la realidad. Es Lucía, quien no para de dar alaridos. Cuando finalmente Paula logra tranquilizarla se entera de que Joy, la perra que su hija adoptó tres años atrás, fue atacada de manera salvaje por otros dos animales y está en muy mal estado. Su hija la necesita más que nunca, pero... ¿por qué tiene esto que pasar justo hoy?

Estoy de acuerdo contigo. Esto no suena a 'aventura' en el sentido maravilloso y positivo de la palabra. Por esta razón, en este momento de reescritura de la historia hay que tener **la mente abierta.** No todo lo que creemos que es color de rosa realmente lo es, ni lo que pensamos como tragedia termina siéndolo. Simplemente, estos eventos que rompen nuestra cotidianidad y nos sorprenden son los detonantes que nos impulsan a salir de la burbuja en la que nos acomoda la rutina.

Práctica 2: Abrir la mente

- ✓ Ya tienes la idea general de cuál puede ser tu búsqueda.
- ✓ A partir de ella haz un listado amplio y sin censura de todas las ideas que se te ocurran para hacerla realidad.
- ✓ No dejes que te limiten los 'eso no le va a gustar a nadie', 'eso no se puede', 'eso es muy caro' o cualquier otro pretexto que aparezca en el camino.
- ✓ Mientras más abierto/a estés a las ideas de tu mente, más innovador será el resultado.
- ✓ Agrega a tu apertura mental la habilidad adquirida de la 'Observación'. Encontrarás ideas innovadoras en todas partes y soluciones diferentes a los problemas cotidianos.

En la vida real...
- ✓ Desarrollar esta habilidad te ayuda a ver que todo es posible.
- ✓ Aprendes que muchos 'no' son producto del miedo.
- ✓ Tu creatividad se despierta al máximo.
- ✓ Reconoces que las limitaciones son un producto de la mente.
- ✓ Recuperas la el amor por la aventura.

> ✓ Tu niño/niña interior se despierta y quiere jugar de nuevo.

Al desarrollar la habilidad de abrir la mente a todo lo que es y puede ser, sucede algo maravilloso: empezamos a sospechar de los prejuicios y al hacerlo, nos damos cuenta de que han sido camisas de fuerza que 'compramos' en el gran establecimiento del 'deber ser', sin necesitarlas.

Por simple curiosidad, haz una lista de los prejuicios que tienes y de cómo han afectado tu vida. Yo voy a mencionarte algunos que conozco: 'los hombres no lloran', 'reírse duro es de mal gusto', 'quienes viven frente al mar son perezosos', 'la ropa ceñida es de mujeres fáciles'... Vivir en el estrecho marco de los prejuicios limita nuestra espontaneidad y expresión, y nos aleja de ser nosotros mismos, auténticos, leales a nuestra naturaleza y a la llamada de nuestro ser. Nos aleja también de las posibilidades de conocer otros lugares, otras personas... de entender otras creencias, de aprender a ponernos en los zapatos de los demás; por eso, cada vez que nos sintamos constreñidos por el prejuicio, es hora de aplicar la máxima: Ante el prejuicio, acércate (te maravillarás con lo que encuentras).

Un malestar sostenido o un fuerte sentimiento de añoranza son indicios ciertos de que nuestra alma está pidiendo a gritos que nos movamos. El alma tiene su propio lenguaje. Es la intuición. A veces hacemos oídos sordos a su voz, entonces suceden cosas que aparentemente no tienen explicación en el presente pero que adquieren completo significado en el futuro.

Recuerdo el caso de un personaje que se resistía a retirarse de su actividad profesional, aunque su pareja quería pasar los últimos años de su vida en común, en un lugar que fuera más grato para ambos. Su resistencia lo llevó a tomar decisiones equivocadas que hicieron de sus últimos años profesionales un infierno. A pesar de su terquedad, se vio forzado a tomar unas vacaciones. Durante este periodo de descanso un virus letal lo afectó. Estuvo al borde de la muerte casi por dos meses y su convalecencia fue lenta y prolongada. Después de seis meses regresó al trabajo. Todo lo que antes amaba le pareció ajeno. Los chistes de sus colegas le parecían fuera de lugar; las rutinas, insoportables. En su carta de despedida expresó: "aunque volví en agosto, lo mejor de mí no regresó conmigo. 'Algo' tomó la decisión de que ya era hora de irme. Me opuse y hoy veo que no vale la pena pelear contra mí mismo".

La sensación de malestar o de añoranza contiene una energía que nos impulsa a buscar una salida que restaure el balance.

Al analizar los ciclos de nuestra historia reconocemos esos detonantes que emergen bien del fondo de nosotros mismos o de circunstancias externas que parecieran confabularse para obligarnos a salir de la burbuja. Una fuerza interior se activa para movernos hacia un terreno físico o emocional que nos resulta desconocido pero que intuimos será el escenario perfecto para darle respuesta a nuestra búsqueda.

En el caso de Paula, su vida está consumida por la rutina, y aunque ya ha decidido renunciar a su puesto, la pasión y el ánimo están lejos de reaparecer. La llamada inesperada de su hija activa un sentimiento que la impulsa a la acción; hará cualquier cosa para salvar la vida de la perrita, pero, ¿cómo enfrentar lo que pasa ahora con su trabajo? Tratar de salvar al animal es su búsqueda, por ahora.

En este punto vale la pena preguntarse: ¿Qué es aquello que realmente está buscando Paula? ¿Salvar la vida de la perrita? ¿Es eso suficiente motivo para que ella tire por la borda su realidad actual? O, tal vez, ¿este hecho está enmascarando algo más profundo? La llamada de la hija y la situación con Joy, se convierten en la materialización de su búsqueda. Sin embargo, en el fondo de su alma, *su búsqueda* está relacionada con la necesidad de acercarse a su hija y establecer con ella la relación con la que siempre soñó.

Este acontecimiento en la vida de Paula que detona la acción tiene lugar en el mundo exterior; pero el viaje que ella emprenderá motivada por este evento, tendrá como destino su propio corazón.

Probablemente a ti te pasará lo mismo.

En este punto vale recordar que las búsquedas tienen dos dimensiones. Ese centro de Yoga que quieres montar en Costa Rica o esa maratón para la que te estás preparando, son los aspectos visibles de algo mucho más profundo que espera ser descubierto.

Son las pequeñas cosas del mundo exterior las que impulsan nuestro movimiento y propician el cambio. Cada vez que dices "me gustaría", "haría", "estudiaría", "saldría" o cualquier otro verbo en pospretérito, lo que estás haciendo es abriendo la puerta para que se asomen los detonantes. Ofrecerse para preparar la presentación de la empresa, inscribirse en las clases de Tai Chi, armar una huerta casera y cultivarla, tomar esas clases de tango que tanto anhelas, pintar la pared, buscar los datos de un tema que te apasiona, experimentar un nuevo sabor… Todas estas son ocasiones para ampliar tu mirada del mundo. Al hacerlo te darás cuenta que todo lo que sucede es perfecto, aunque a veces parezca lo contrario.

Ejercicio 2: La llamada a la aventura

La llamada a la aventura en la 'Experiencia poderosa'
- ¿Qué hecho o circunstancia sirvió de detonante para que la acción empezara?
- ¿Qué energía se movió en tu interior?
- ¿Qué añorabas o qué te molestaba tanto?

La llamada a la aventura del presente:
- ¿Cuál es tu búsqueda de hoy?
- ¿Qué hecho o circunstancia sirve de detonante para que la acción empiece?
- ¿Qué energía se mueve en tu interior?
- ¿Qué añoras o qué te molesta tanto?

Tercera habilidad: Dudar de la duda

(El rechazo a la llamada en el viaje del héroe)

La primera reacción que aparece ante la posible aventura es la duda. La acompañan los 'peros' y las disculpas. ¿Recuerdas esa vez que quisiste montar un negocio de jugos? ¿O cuando estuviste a punto de abandonar la escuela de leyes para meterte de lleno en el arte? ¿Qué te detuvo? ¿Recuerdas las palabras que te auguraron fracaso, desempleo, carencia —en síntesis— todo aquello que te llenó de miedo?

La duda es el rechazo a la llamada. Generalmente proviene de esa voz interior del "no se puede", "no está bien visto", "de qué vas a vivir", "ninguno de tus amigos hace eso", "la gente como tú no se comporta así", "tú no eres capaz", "no serás la vergüenza de esta familia", "la ambición rompe el saco" ...

¿Quién es esa voz interior? ¿Quiere protegernos o sabotearnos? Yo me inclino más por lo segundo que por lo primero. Tiendo a pensar que detrás de la voz que rechaza la llamada están camufladas la vergüenza y la culpa.

Permíteme compartir algo de mi historia personal. Cuando era adolescente mi familia tuvo una severa crisis económica. Mi papá era el proveedor y por causas ajenas a su voluntad, dejó de serlo. Yo estaba a dos años de terminar mi bachillerato en un colegio privado de monjas. Ante la imposibilidad de pagar mis estudios, mi papá canjeó el costo de mi educación por sus honorarios como ingeniero residente de las dos pequeñas edificaciones que se habían construido bajo su supervisión. El canje incluía el almuerzo diario que yo odiaba y que una de mis más cercanas amigas disfrutaba. Mi amiga y yo hicimos un trato: ella me regalaría la lonchera que traía de su casa y yo le regalaría el almuerzo que el colegio me daba. En un determinado momento, la monja que supervisaba el comedor se dio cuenta de nuestro trueque y delante de todas mis compañeras, y a viva voz me llamó la atención por 'regalar el almuerzo que el colegio con tanto sacrificio me regalaba'. Ese día, el colegio en el que había estudiado durante muchos años salió de mi corazón; nunca más me sentí parte de él. Después de tanto tiempo, mi cuerpo recuerda la dosis de vergüenza que sentí; vergüenza por tener la necesidad de recibir.

Traigo a colación esta historia porque en la reescritura de mi propia vida me di cuenta de que la voz que rechazó una y otra vez mis llamadas a la aventura, tenía que ver con el temor de vivir una vergüenza similar. No quise volver a sentirme avergonzada por las carencias. Durante muchos años pospuse mis sueños porque, en apariencia, eran inestables económicamente. De alguna manera, al tratar de 'ganar el mundo –la estabilidad económica– 'perdí mi alma' por un tiempo y con ella, el auténtico gozo. Después aprendí que recibir es también un acto de generosidad.

Uno de los efectos devastadores de la vergüenza es la narrativa personal que creamos a partir de ella; una narrativa cruel que mina nuestro valor y nuestro sentido de identidad. Por eso resulta tan inquietante el fenómeno del matoneo o bullying. Cuando alguien se burla de un niño porque es gordo, estudioso o amable, o de una adolescente porque tiene acné o está pasada de moda; cuando nos mostramos insensibles ante un padre que no compra ropa nueva para que su hijo tenga los útiles escolares, o ante una madre porque su hija tiene una discapacidad cognitiva o física; cuando ponemos etiquetas a nuestros vecinos, colegas o compañeros de trabajo porque van o no a nuestra iglesia, a cualquier otra o a ninguna, porque no comulgan con nuestras ideas políticas o porque viven su sexualidad de una manera diferente a la nuestra, deshumanizamos al prójimo, rompemos su sueños y amenazamos su futuro. Pero, ¡atención! No sólo dañamos la vida de otros, sino que nos privamos de la enorme riqueza que significa conocer de cerca y sentir afecto por alguien que es totalmente diferente a nosotros. Créeme, ¡es un regalo!

Así que, antes de seguir reconociendo la voz del 'no se puede' o cualquier otra que haya minado tu auto estima, antes de seguir con las historias que por esta causa te has dicho de ti misma/o, haz por favor un inventario de las historias que te dices de los demás. Mira con honestidad qué etiquetas les has puesto. Recuerda que los efectos de la burla y la discriminación no solo afectan a los niños, niñas y adolescentes; también despiertan el dragón herido en nuestras parejas, nuestros colegas, nuestros jefes y nuestros mandatarios. Los tiranos no florecen de la noche a la mañana, su crueldad tiene un origen que habría podido evitarse con dosis de genuino amor. Promete amarte y amar; romper la cadena de la burla privada o pública; perdonarte y perdonar.

Otros efectos nocivos de la vergüenza son las estrategias de supervivencia que se activan cada vez que suponemos que algo puede amenazar nuestra dignidad. Algunas de ellas son el abandono, el silencio, la huida, el adormecimiento de las emociones, la arrogancia, la soberbia y la violencia. Desafortunadamente, terminan convirtiéndose en un patrón que afecta seriamente la realización de nuestros propósitos.

Pregúntate por qué un niño dulce termina pegándole a otro que lo ha agredido verbalmente; o por qué no volviste a visitar aquel grupo de amigos con quien la pasabas tan bien... o qué te impidió defender públicamente a alguien que estaba siendo tratado injustamente... o qué desvaneció tu sueño de dedicarte a la poesía... por qué dejaste ese puesto de trabajo cuando creíste que estaban dudando de tus capacidades... por qué tus emociones se anestesiaron al punto de ser incapaz de llorar la muerte de tu madre... o por qué te resulta tan difícil la intimidad... por qué optaste por el bajo perfil a pesar de reconocer tus talentos y capacidades... o por qué pretendes estar siempre bien y evitas exponer tus debilidades...

Los héroes se diferencian del común de los mortales porque ellos deciden **dudar de la duda**. Y esa es nuestra tarea en este momento.

Práctica 3: Dudar de la duda

- ✓ Escribe una carta de despido dirigida a aquella persona (real o imaginaria) que representa la voz del 'no se puede'.
- ✓ Escríbele por qué razones tú si crees que sí se puede. Para justificar su despido, le contarás cómo ha perdido cualquier poder que hubiera podido tener sobre ti y háblale sobre la energía nueva que te hace ver que todo es posible.

- ✓ Al finalizar la carta dale las gracias por el rol que cumplió en tu vida y recuérdale su nuevo lugar. Esa carta es tuya. No tienes que enviarla a nadie ni mostrarla.
- ✓ Integra las habilidades adquiridas en las dos prácticas anteriores a la perspectiva de que todo, todo lo que se te ocurra, es posible. La humanidad ha dado claro ejemplo de que esta afirmación es cierta.

En la vida real...

- ✓ Desarrollar esta habilidad te libera del '¿Qué dirán?' y te devuelve autonomía.
- ✓ Reconoces que la 'verdad' es distinta para cada uno de nosotros y que es relativa.
- ✓ Das valor a tu propia 'verdad'.

Ahora bien, dudar de la duda es una tarea que requiere una pequeña dosis de descaro. Exige aprender a reírse de sí mismo y a no tomarse demasiado en serio. Requiere además la voluntad para silenciar el perfeccionismo tirano y las voces del statu-quo, y exhorta a tomar la irrevocable decisión de pertenecerse a sí mismo, de ser auténtico.

Así que, ¿qué esperas para tomar las clases de karate? ¿Para soltar la lengua en un idioma que no es el tuyo? ¿Para acercarte a ese grupo de basquetbolistas que tanto te llama la atención?

En este punto vale la pena mencionar la frase de Brené Brown[12]: "La vulnerabilidad es el mayor acto de coraje". Exponer tu fragilidad es un acto heroico. Después de hacerlo te sentirás como si hubieras conquistado el Everest. Habrás dado un salto inmenso en tu evolución personal. Solo podrás saber si lo que digo es cierto cuando lo intentes. Vale la pena.

Mientras tanto, sigamos ahora con la historia de Paula. ¿Qué habrá pasado con Joy?

Paula enfrenta un gran dilema: atender el llamado desesperado de su hija que implica viajar al pequeño pueblo en las afueras de la ciudad y exponerse al encuentro con Julián, su ex marido, o asistir a la cena de bienvenida donde los nuevos inversionistas presentarán la plantilla de directivos, entre ellos, su próximo jefe, el único que tal vez podría convencerla de no renunciar.

Tal vez tú no lo dudes y tu opción sea dejar que el ex marido atienda el problema del perro, o por el contrario, sea salir corriendo a ayudar a la hija y ¡al diablo los inversionistas y su equipo de nuevos jefes! Recuerda que cada quien tiene prioridades diferentes.

Paula está confundida y no sabe qué hacer. Va hasta su apartamento. Cualquiera que sea su decisión, quiere estar lista. Busca los documentos record de Joy por si es necesario ponerle alguna vacuna o cualquier otro tipo de medicina. Saca el folder que tiene una etiqueta que dice "adopción". Paula guarda algo de ropa informal en su pequeño maletín, su bolsa de aseo personal y el folder. Antes de

---

[12] Brown, B. *The power of vulnerability* TED talk. https://www.youtube.com/watch?v=iCvmsMzlF7o

cerrar el maletín saca de nuevo el folder y lo abre. Lo primero que aparece ante sus ojos es una fotografía de Lucía con pocos días de nacida. La Paula de veinte años atrás, la tiene en sus brazos. A su lado, abrazándolas, está Julián. Al fondo, varias parejas de amigos vestidos formalmente. Uno de ellos pareciera estar observándolos directamente; es Patricio. Patricio, sí; la gran piedra en el zapato en su relación con Julián. La fotografía está grapada a un documento. Es el certificado de adopción de Lucía. Paula se da cuenta de que tomó el folder equivocado, desprende la fotografía, guarda el folder, saca otro, revisa que este si sea el de los documentos de Joy y lo guarda en el maletín. Abre su cartera y pone la fotografía en ella.

Mientras lo hace, habla por teléfono con Julián quien ya ha llegado al lugar donde están Lucia y Joy, y pareciera estar a cargo de la situación. Julián tiene la habilidad de oprimir los botones que la descomponen. Por su conversación podemos inferir que él le está recordando alguna 'culpa', o muchas... culpa de haber aceptado que su hija viviera sola a pesar de tener una ligera discapacidad cognitiva; culpa por haber insistido en adoptarla cuando él no quería tener hijos; culpa por regalarle un perro... La conversación con Julián la obliga a cambiar de opinión. Ya resolverá él el asunto del perro. Ella irá a la cena de bienvenida. Será una buena ocasión para estrenar el vestido y los zapatos que compró recientemente.

Así como la vergüenza llena nuestra mente con historias que nos debilitan, otro tanto hace la culpa. ¿Por qué es tan poderosa? ¿Por qué es tan manipuladora? A diferencia de la vergüenza –un sentimiento de ser inadecuados por algo de lo que no somos responsables–, la culpa se refiere a una 'falla' de la que sí somos responsables.

La vergüenza y la culpa refuerzan la idea de que no somos dignos de amor y nos ponen en cualquiera de estos dos escenarios: o hacemos lo indecible para 'ganar' afecto, o nos castigamos con sabotajes auto infringidos en las áreas de la profesión, la salud, el dinero o el amor.

Sin entrar a considerar los actos humanos que son producto de patologías mentales, piensa en hechos que generan culpa. Voy a mencionar algunos: abandonar a un padre anciano, robar en un supermercado, engañar al marido o a la esposa, desfalcar la empresa, envidiar al mejor amigo, ponerle zancadillas profesionales a un colega... ¿Qué pasa por la mente y el corazón de quien lo hace?

No se trata de exonerar a nadie de las responsabilidades de sus actos, sin embargo, vale la pena mirar con mayor detenimiento por qué la gente actúa como lo hace. ¿Por qué alguien tendría que hacer zancadilla a un colega? ¿De dónde proviene su miedo? De su instinto básico de supervivencia que orienta sus actos y los nuestros a la satisfacción de las necesidades fundamentales.

Las estrategias/acciones que utiliza el colega envidioso para 'sobrevivir' en la empresa son inadecuadas y aun así, detrás de cada una de ellas hay un 'grito' que pide satisfacer una necesidad. Antes de juzgar, pensemos: ¿qué necesidad no resuelta tiene una persona que actúa de tal o cual manera? ¿A qué necesidad mía apela su comportamiento y cómo su forma de actuar afecta mis propias necesidades?

Cuando el cimiento de nuestras relaciones con nosotros mismos y con los demás se base en acciones y estrategias orientadas a la comprensión y satisfacción de necesidades no resueltas, sin duda conviviremos en un planeta más compasivo y menos violento, y crearemos historias de nosotros mismos que se alejan del auto castigo. Cualquier persona que reconozca el auto sabotaje sabrá la dosis de culpa que contiene.

Regresemos a la historia de Paula quien sale de su apartamento, vestida con sus mejores galas y su pequeño maletín en la mano. Toma el ascensor. Tomás, su antiguo compañero de trabajo, ha sido también invitado al coctel de bienvenida a los nuevos inversionistas y pasará a recogerla.

Durante el trayecto Paula hace silencio y Tomás lo nota, sabe que algo está pasando. Paula saca nuevamente la fotografía de la cartera y la mira. Enseguida su mirada se pierde en el horizonte.

¿Qué historia se estará diciendo Paula en este momento? La experiencia que detona la acción es el incidente con Joy y el dilema que tiene frente a lo que debe hacer con su posición en la empresa. Sus dudas son muchas y de ellas se derivan las historias que se dice: "como mamá, he sido un fracaso...", "Julián tiene razón... yo debería haber hecho...", "Y en la oficina yo tendría que haber dicho...", "siempre me equivoco, soy una estúpida..." Juraría que esta última frase salió de la boca de Julián... en un instante de conciencia, se da cuenta que ha puesto en los demás el reconocimiento de su valor personal, sus sueños y deseos.

Nosotros tenemos la opción de reconocer la duda, *dudar de la duda*, y decirnos historias que reconozcan los hechos sin comprometer nuestro valor personal, y nuestro sentido de identidad.

Cada vez que te encuentres diciendo o pensando que "deberías" o "tendrías que", sospecha. Esos son los verbos que la faceta reactiva de nuestro ego conjuga para meternos en la trampa. La vergüenza y la culpa también se valen de ellos para perpetuar su peso en nuestra autoestima.

Ejercicio 3: El rechazo a la llamada

El rechazo a la llamada en la 'Experiencia poderosa'

➤ Recuerda aquel personaje que sintetizaba todas las voces que se oponían a tu búsqueda. Puede tratarse también de hechos o circunstancias que se te atravesaron en el camino. Es muy útil ponerles un nombre y un rostro.

➤ ¿Qué hizo o dijo esa persona para detenerte en tu búsqueda? ¿Por qué te afectó tanto lo que dijo o hizo?

Escribe sobre 'El rechazo a la llamada' en tu momento actual. Trae las preguntas anteriores al momento presente.

➤ ¿Quién o qué se opone a tu búsqueda?

➤ ¿Qué hace o dice esa persona o circunstancia para detenerte en tu búsqueda? ¿Por qué te afecta tanto?

➤ ¿Cómo se manifiesta el rechazo a la llamada?:

Cuarta habilidad:
Confiar

(El encuentro con el mentor en el viaje del héroe)

Paula y Tomás se detienen en un café antes de llegar al lugar de la cena. Es el mismo café al que iban todos los días cuando él todavía trabajaba en la empresa. Tomás es más de veinte años mayor que ella. Su figura delgada la abraza. La sensación de estar en un lugar seguro con su abrazo la conmueve. Nadie como él la conoce tanto. Incluso ya ha pedido por ella el té de hierbas que tanto le gusta.

Los dos amigos hablan de los asuntos triviales y poco a poco se internan en las profundidades de las pequeñas cosas. Tomás conoce su historia. Sabe cuáles fueron las razones que la llevaron a adoptar a Lucía. Conoce sus secretos, sus remordimientos, su historia de decisiones acertadas y equivocadas.

Tomás es, a los ojos de Paula, un personaje detenido en el tiempo. Realizó siempre la misma tarea con detalle y dedicación desde que entró a la empresa. Mientras todos parecían estar en la loca carrera de escalar posiciones, Tomás dejó claro que su agenda estaba marcada por sus intereses personales, más allá del ámbito de la empresa. En los descansos hablaba de los plumajes de los pájaros, de las diferentes formas de entender el arte, de las corrientes eléctricas del subsuelo y de los derechos humanos de las personas con enfermedad mental, temas que a nadie en la empresa le resultaban de interés, excepto a Paula quien había crecido en la biodiversidad de la llanura, había abandonado la fotografía en un acto de supervivencia emocional, creía a ciegas en la medicina alternativa y había pasado años, días y horas tratando de entender qué pasaba por la cabeza de su hija adoptada cuando se dio cuenta de que ella era diferente.

Después de que Paula hace una breve reseña sobre la situación que en este momento la agobia, la conversación gira en torno a las preguntas que Tomás hace. Con cada una Paula desciende un peldaño en el interior de su alma; si alguien le cuestionara si en ese momento hay sol o está lloviendo, ella no podría precisar la respuesta. Toda su conciencia y su atención se han volcado a su interior y la vista exterior se difumina. Ella está en 'su nube'.

Allí descubre que en su interior habita una voz sabia, una voz que se despierta con las preguntas de Tomás y que le empieza a dar respuestas reales, sintonizadas con su naturaleza... poderosas.

Algunas personas tienen la fortuna de contar con un mentor externo que les ayuda a encontrar su propia verdad. Todos, sin excepción, contamos con la intuición, la sabia voz interior que actúa como nuestro mejor mentor. Su encuentro nos invita a **confiar.**

Confiar en la sabiduría de nuestra alma nos ayuda a deshacernos de la necesidad de controlarlo todo, de forzar las circunstancias. Confiar implica reconocer la sabiduría de la Fuente, el Campo Unificado, Dios o como lo quieras llamar para permitir que la vida 'sea', y para ver la perfección del momento presente, aún en la adversidad.

¿Por qué nos resistimos a esta idea? Mi respuesta es que tendemos a previsualizar la vida como suponemos que debería ser y no como es; al hacerlo, sucumbimos en una forma de contrato que todo lo plantea en términos de dualidad –bien/mal– y que no da cabida a la inmensa gama de grises en las que se mueve la realidad. El anhelo de este tipo de 'realidad' origina una subvaloración de los matices y la exaltación del estereotipo.

> Práctica 4: Confiar
>
> - ✓ Recuerda aquella persona de tu familia, el maestro o maestra de la escuela, aquella voz que siempre creyó en ti.
> - ✓ Escríbele una carta de agradecimiento. Recuérdale por qué fue tan importante para ti, qué barreras te ayudó a superar, cómo te inspiró, la confianza en ti mismo/a que sembró.
> - ✓ Deja que tu corazón se llene de agradecimiento por esa persona y por todo lo que ella representa. Traslada ese sentimiento a la vida misma. Esa carta es para ti.
>
> En la vida real...
>
> - ✓ Confiar es reconocer la perfección de la naturaleza.
> - ✓ Confiar es recordar tu naturaleza divina.
> - ✓ Confiar es abrirse a todas las posibilidades.
> - ✓ Desarrollar esta habilidad silencia el miedo.

No lo dudes, se puede vivir plenamente sin tener el carro de moda, sin ir de vacaciones a la playa, sin casarse con el más guapo del barrio o la más brillante de la clase y aún más, sin casarse. Se puede perdonar a quien te haya hecho daño, se puede disfrutar de la amistad a pesar de la desfiguración de un rostro por un ataque de ácido; se puede promover la paz con el grupo ilegal armado que asesinó a tu padre. Se puede. La historia nos ha regalado ejemplos de personas valiosas que optaron por confiar aún en las peores circunstancias. Ellas nos han enseñado a tener una mirada de la realidad que se aleja de los extremos del péndulo para reconocer el vasto espacio de tonalidades.

Desarrollar la habilidad de la confianza implica poner la energía en acción, tal como lo veremos en el siguiente capítulo. En ningún momento puede confundirse confianza con pasividad porque es exactamente lo contrario. Simplemente es olvidarse de la idea de que solo hay *un* final posible para cada fragmento de nuestra vida. Por el contrario, es reconocer las infinitas opciones que cada jugada plantea, como si estuviéramos en el gran juego de ajedrez de la vida. Hay algo mágico en la confianza. Siéntela en este instante. Percibirás que tu corazón se expande, que el tiempo se detiene en el momento presente. Por eso, simplemente, confía. Acepta todos los 'grises' del espectro, especialmente aquellos que provienen de la vergüenza y de la culpa. Analiza qué papel han tenido en tus decisiones y ponlos a trabajar en tu favor.

Antes de su encuentro con el mentor, el valor de la identidad de Paula estaba seriamente lesionado. Además de sentir que era una estúpida, estaba aceptando de plano que sería Julián quien determinaría cómo debía sentirse. Después de su conversación con Tomás, de las preguntas que la llevaron a ponerse en contacto con su intuición y de los hallazgos de su alma, Paula cuenta con herramientas que facilitarán las siguientes etapas de su viaje.

No todo está resuelto pero su noción de ser dueña de sus decisiones, que es lo más importante, la enrumba hacia una experiencia heroica.

Ejercicio 4: El encuentro con el mentor

Encuentro con el mentor en la 'Experiencia poderosa'

➢ ¿Quién fue esa persona, hecho o circunstancia que te impulsó en tu búsqueda?

➢ ¿Qué te dijo?

➢ ¿Qué llave secreta te dio para motivarte?

Tu encuentro con el mentor hoy:

➢ ¿Quién es esa persona, hecho o circunstancia que te impulsa en tu búsqueda?

➢ ¿Qué te dice?

➢ ¿Qué llave secreta te da para motivarte?

➢ ¿Cómo es ese encuentro con el mentor en tus circunstancias actuales?

Quinta habilidad:
Arriesgar

(La travesía del primer umbral en el viaje del héroe)

Paula y Tomás llegan al lugar del evento. Paula mira detenidamente a todos los asistentes. Siente que está en el lugar equivocado, jugando un papel que no le corresponde, malgastando su tiempo con algo que no la apasiona. El nuevo jefe se le acerca y le dice que tiene grandes planes para ella. Ella sonríe de manera ficticia. Tomás la observa. En ese instante suena su teléfono. Cuando lo saca de su pequeña cartera la llamada ya se ha perdido. Revisa el correo de voz. Es Lucía quien le informa que Joy ya está en la sala de cirugía. No dice nada más. Paula oye su voz interior que le dice qué es lo que debe hacer. Se despide de Tomás, sale, toma un taxi y le pide que la lleve al pueblo donde vive su hija. El sentimiento de malestar por el incidente de Joy y el dilema de elegir entre 'sonreír' para tener un lugar en la empresa o atender la llamada de su hija, han servido de catalizador y han puesto en marcha una energía nueva.

Paula le ha dicho **sí** a lo que tenga que venir. Su deseo es construir un puente entre lo que ella cree que puede ser la mejor versión de sí misma y lo que ha sido hasta ahora. Tendrá que dejar atrás el temor a lo desconocido, el miedo al ridículo y la tendencia a ver la vida como espectadora. Desarrollará una nueva habilidad: **arriesgarse**.

Arriesgarse significa abrirse al entorno, al otro, a nuestras emociones. Involucra cuestionar las verdades establecidas y los patrones sociales que damos por descontados; implica explorar nuestros valores esenciales y, ante todo, asumirnos con autenticidad.

Somos lo que somos. Pretender es un verbo que se queda en el pasado porque ha servido más para ponernos peso en la espalda que para ayudarnos a avanzar.

Práctica 5: Arriesgarse

- ✓ Es el momento de dar el salto. Una buena forma de hacer acopio de nuestra energía interior para lanzarnos a una situación desconocida es hacer un listado con respuestas a las siguientes dos preguntas:
    - o ¿Qué puedo perder?
    - o ¿Qué puedo ganar?
    - o Si no lo hago yo por mí y por mis intereses, ¿quién lo hará por mí?

En la vida real...

- ✓ Lo dice el refrán popular: "Quien no arriesga un huevo, no consigue un pollo".
- ✓ Aprender a arriesgarte es también a aprender a mirar más allá de tus fronteras y a cultivar la idea de que tus sueños son posibles.
- ✓ Aprender a arriesgarte es empezar a creer en ti.

La energía para arriesgarnos surge en el momento mismo en que silenciamos al censor y decidimos recorrer el camino de pertenecernos a nosotros mismos. En el trayecto tenemos que dejar de lado el perfeccionismo, y olvidar el viejo modo de hacer las cosas. Emprenderemos la conquista de pequeñas victorias y saltaremos al vacío.

Si nos preguntamos "¿qué es lo peor que me puede pasar?", nos damos cuenta de que las respuestas que involucran mayor peligro contienen el verbo 'perder'. Perder el trabajo, el estatus, el tiempo, algunas relaciones... recuerda que todo lo que pierdes es que simplemente nunca lo tuviste. Lo verdaderamente importante estará siempre ahí. Quienes te quieren de verdad estarán contigo durante todo tu viaje sin importar las estaciones en las que tengas que detenerte. Quienes no te quieren de verdad, poco cuentan. Los bienes materiales son efímeros y pueden ser un engaño para alcanzar la verdadera felicidad; lo mismo pasa con el estatus y con la terrible trampa de agradar a los demás.

Así que... ¿Qué esperas?

Ejercicio 5: la travesía del primer umbral

La travesía del primer umbral en la 'Experiencia poderosa'

- Trae a este punto el momento y las circunstancias en las que decidiste dar un salto al 'vacío' en tu 'Experiencia poderosa'.
- Describe que pasó en tu interior. ¿Qué sentiste?
- ¿Qué pensaste?

En tu mundo exterior de hoy,

- ¿Qué haces?
- ¿Cómo es esa travesía?
- ¿Cuáles son las circunstancias actuales?
- ¿Qué tanto sabes del mundo al que vas a saltar?
- ¿Qué estás arriesgando?
- ¿Qué sientes?
- ¿Qué te impulsa?

CRECE:
TIEMPO DE ACTUAR

En este punto de la historia cuando ya hemos atravesado el primer umbral, nos habremos limpiado de las cargas generadas por la culpa, la vergüenza y por los mensajes del subconsciente que nos quitan poder personal, y habremos aceptado gustosamente la tarea de reescribirlos. Nos asiste una energía nueva que cuenta con el poder de un propósito, así en el camino nuestra búsqueda se modifique.

Para preservar la calidad de esta energía vale la pena recordar que cualquier cambio posee la dinámica de una montaña rusa. Habrá momentos en que estemos en la cumbre y veamos todo color de rosa, y otros en los que dudaremos de nuestras decisiones. Unos y otros tienen un inmenso valor en la conquista de nuestro poder personal.

Sexta y séptima habilidades: Acercarse y prepararse

(Las primeras pruebas, aliados y enemigos en el viaje del héroe)

Entrar en un territorio nuevo supone entender unas reglas de juego diferentes. Bien sea que se trate de aspectos tales como la geografía, el clima, la forma de reír, el lenguaje, la música, las fiestas y celebraciones, o de algo más profundo como los valores, los ritmos de vida cotidiana o las prioridades, lo que se pone en juego es nuestra capacidad de ser leales a nosotros mismos, encontrar nuestra voz y expresar nuestra autenticidad. Al mismo tiempo entenderemos y aceptaremos tales reglas de juego si queremos sacar el mejor partido de la experiencia de cambio.

En esta parte del viaje, los afectos son relevantes. Generalmente nos apoyan en el proceso de aprendizaje de nuevas habilidades y nos alientan en los momentos difíciles. Los auténticos amigos son nuestro polo a tierra, la conexión con nuestro propio corazón. Ellos han oído nuestra historia y las mil versiones que nos hemos dicho de ella; nos han dado ideas, material para reflexionar, espejos para vernos y para crecer. Pero, así como son de importantes los amigos, lo son los 'enemigos'. En ellos vemos las facetas de nosotros mismos que necesitan más trabajo. Bien sean la terquedad, la arrogancia o cualquier otra característica que aún queda por resolver en nuestra vida, los antagonistas y personajes que se oponen a nosotros son nuestros verdaderos maestros en el viaje de transformación.

Si bien el viaje habla en este punto de amigos y enemigos, vale la pena considerar que el mismo rol lo cumplen las voces de crítica o aliento que están en nuestra mente. Nuestras fortalezas y debilidades pueden ser también enemigos o amigos, sin que necesariamente se entienda a las debilidades como enemigos o a las fortalezas como amigos. Los amigos serán aquellas verdades que hablan de nuestro valor personal, coraje, alegría; lo serán también nuestras habilidades físicas y mentales, las destrezas que hemos desarrollado con la práctica y los dones con que nacimos. En el terreno de los 'enemigos', estarán aquellas ideas limitantes como 'estoy muy viejo para hacerlo', 'con esta enfermedad me resulta difícil', 'me falta tiempo', o hábitos saboteadores como dilatar las decisiones, posponer la ejecución de las tareas, dejarlo todo para último minuto, permitir que la timidez te impida llamar a aquel viejo amigo a quien se le ha muerto su padre, y muchas otras conductas que cada uno de nosotros puede añadir a esta lista.

Veamos qué pasa en la historia de Paula.

Llueve a cántaros cuando ella se baja del taxi después de haber buscado infructuosamente a Lucía en las dos únicas clínicas veterinarias que hay en el pueblo. Su imagen es patética. El peinado, el vestido y los zapatos nuevos están arruinados. Llega al edificio donde vive su hija. Nadie atiende el timbre. Es media noche. Espera en las escaleras exteriores. Finalmente decide timbrar en el apartamento de Alberto, el conserje, quien la hace seguir, le ofrece una toalla y un café caliente.

Paula y Alberto conversan. La relación entre ellos luce cercana y familiar. Paula le pregunta muchas cosas sobre la vida actual de Lucía.

Al parecer, Alberto ha hecho las veces de protector en la sombra. Aun así, Alberto se extraña al ver que, en los últimos meses, Paula ha limitado su rol de madre a crear las condiciones para que su hija viva independiente pero no ha estado al tanto de lo que pasa en su corazón. Incluso menciona que Lucía no quería pasar el fin de semana en la casa de Julián pero que él la convenció con el argumento de que Joy podría divertirse con otros perros que estarían en el lugar.

Alberto le cuenta cómo es el cotidiano de Lucía y afirma cuánto se le parece. Es claro que se conocen desde que Paula era niña y que ha sido su confidente en muchas circunstancias. El buen hombre le reitera su apoyo porque sabe que enfrentará momentos difíciles. Enseguida le abre la puerta del apartamento de Lucía. Paula saca de su maletín algo de ropa para cambiarse. No trajo zapatos de repuesto así que abre el closet de Lucía para completar su atuendo. Le resulta grato saber que su hija y ella comparten el mismo gusto y la misma talla. Se arregla un poco. Ella y Alberto salen a buscar a Lucía en casa de Julián. Amanece.

Al llegar se encuentran con Patricio, el buen amigo de Julián, quien es el dueño de dos grandes Pitbull. La tensión entre Paula y Patricio es evidente. Patricio es tan arrogante como ella puede serlo; tan insensible al dolor ajeno como ella lo ha sido; tan discriminador y negligente hacia los demás como ella lo fue en su pasado reciente; tan propenso a culpar a los demás por sus desgracias como ella lo ha hecho minutos atrás al enterarse que fueron sus perros quienes atacaron al de Lucía. Tal vez fue su forma de 'vengarse' —piensa, de cobrar los años que habrían podido ser suyos, pero habían sido de ella. Cuando el castillo de naipes de su matrimonio se caía al suelo, Paula supo la verdadera razón. La forma en que Julián miraba a Patricio, hablaba de él, quería siempre incluirlo en sus planes, sugería que Julián tenía asuntos de identidad sexual por resolver. Hoy, la relación entre Patricio y Julián es evidente.

En el instante en que la idea de la 'venganza' cruza por la cabeza de Paula, su autocontrol le da la orden de detenerse. Recuerda el incidente con los emparedados y los nuevos inversionistas, y el malentendido con el trasteo de sus cosas en la oficina... sabe por estas y otras experiencias del pasado, que estas historias sólo le traen dolor, predisposición hacia los malos entendidos, aislamiento y tristeza, y lo peor, la alejan de su propia grandeza, así que ha decidido no crear 'películas' acerca de las acciones y los motivos de los demás.

Por difícil que resulte aceptar la idea, nadie 'nos' hace nada. Cuando nos sentimos amenazados, sea real o no la amenaza, entramos en modo supervivencia y vemos el mundo en términos de bien o mal, olvidando los matices del gris de los que hablamos anteriormente. Con frecuencia la 'amenaza' viene de la historia con que hemos completado los vacíos de información en el relato que nuestras percepciones han construido.

Paula prefiere hablar claro. Con el tiempo ha aprendido que aquel que se arriesga a sentirse incómodo es quien puede ser más valiente. No se permitirá decirse nuevas historias que saboteen su propósito de tener una vida mejor, así que, desprovista de respuestas y abierta de corazón le pregunta a Patricio qué pasó. Está dispuesta a oír lo que él tiene que decir, sin prejuicios. La respuesta de Patricio es auténtica y compasiva. Lamenta de todo corazón que sus perros hayan atacado a Joy y que él no haya podido hacer nada para controlarlos porque en su huida, el perro de Lucía quedó atrapado en una cerca de púas. Su preocupación y dolor son genuinos.

Esta etapa del viaje propone el desarrollo de dos habilidades. La primera de ellas es aprender a **_acercarse_**. Es decir, a romper las barreras que nos separan de nosotros mismos y de los demás, y a deshacernos de las ideas preconcebidas y los prejuicios. Es revisar nuestras creencias y eliminar las etiquetas que mencionamos anteriormente, y aproximarnos genuinamente a nuestro verdadero yo y al otro, para saber qué piensa, qué siente, qué tiene que decir.

> Práctica 6: Acercarse
>
> ✓ La primera práctica para desarrollar esta habilidad es acercarnos a nosotros mismos ya que son nuestras creencias y limitaciones internas nuestros verdaderos amigos y enemigos. La idea en este momento es hacer un inventario de aquello que nos permitimos hacer y de aquello que no nos damos permiso.
> Ejemplo:
>
> | Me doy permiso de... | No me doy permiso de... |
> |---|---|
> | Reír a carcajadas | Usar ropa estridente |
> | Creer que todo es posible | Comer despacio |
> | Confiar en otros | Descansar lo suficiente |
>
> ✓ Cuando hayas terminado tu lista, revisa cuáles asuntos de la columna de la derecha quisieras pasar a la columna

> de la izquierda y cuánto aportarían a tu búsqueda. Si encuentras algo que quieras cambiar, ¿qué deberías hacer para lograrlo?
> - ✓ La segunda práctica te invita a conversar con un desconocido, ojalá alguien con quien en condiciones normales no tendrías contacto alguno, y entender cuáles son sus necesidades, con qué sueña, en qué cree, por qué cree en lo que cree y cuáles son sus valores esenciales. Recuerda que esta práctica exige que no juzgues.
>
> En la vida real...
>
> - ✓ Desarrollar esta habilidad te ayuda a tomar la vida sin tanto dramatismo.
> - ✓ Te ayuda a reconocer tus necesidades y las necesidades de los demás.
> - ✓ Te acerca gozosamente a quién eres en realidad.

Acercarse es mirar de frente nuestras creencias a sabiendas de que son fruto de experiencias y percepciones, de lo que nos han dicho, de los códigos sociales con los que hemos crecido y de las historias que hemos creado de nosotros mismos. Al tener nuestras creencias frente a frente podremos decidir cuáles nos impulsan y cuáles nos limitan porque ¡podemos cambiarlas! Buscamos su origen para que aquellas que no nos sirven se caigan por su propio peso. No hay creencias que sean verdades absolutas.

Al romper los estereotipos que hemos creado y acercarnos a los demás y a nosotros mismos, descubriremos al hábil tejedor que estaba encerrado en nuestras manos, el coraje del anciano chino que prefirió el exilio en lugar de abandonar su amor por la música clásica; la integridad de la esposa de aquel político tradicional, comprometida con las causas de las mujeres; o el talento del campesino poeta que expresa nuestros sentimientos con más precisión que un letrado. Es difícil encasillar en un adjetivo negativo a alguien que hemos visto de cerca porque ahora conocemos sus motivos, sus conflictos o sus ilusiones. Esto es válido para la relación con nosotros mismos y con los demás.

Ejercicio 6: Amigos y enemigos

Amigos y enemigos en tu 'Experiencia poderosa'

➢ ¿Quiénes fueron tus compañeros de viaje en esa aventura?

➢ ¿Qué representaban para ti, cómo te ayudaban u obstaculizaban en la conquista de tu sueño?

Amigos y enemigos en tu búsqueda actual:

➢ Escribe ahora quiénes son tus compañeros de viaje en esta aventura.

➢ Qué representan para ti, cómo te ayudan u obstaculizan la conquista de tu sueño.

➢ Describe aquellas acciones de tu historia en las cuales tus amigos, así como tus 'enemigos' cumplen roles fundamentales.

➢ ¿Qué parte de ti encarnan tus amigos? ¿Qué parte de ti encarnan tus enemigos?

➢ ¿Qué tan 'amigos' son tus amigos? ¿Qué tanto influyen en tu bienestar? ¿Qué tan 'enemigos' son tus enemigos? ¿Qué aprendes de ellos?

- Describe acá tus fortalezas, como tus principales aliados. ¿Qué te hace único?

- Describe acá aquello que te restringe, que te impide u obstaculiza el logro de tus sueños. Si lo miras como si fuera tu 'enemigo', ¿qué está queriéndote decir?

- En síntesis, ¿Cómo se comportan tus 'amigos y enemigos en esta aventura?

- ¿Qué hacen para ayudar o para obstaculizar tu camino?

- ¿Cuál es su función?

Prepararse es la segunda habilidad que se desarrolla en esta etapa. Llega ahora el momento de enfrentarnos a diferentes pruebas que calibran la dimensión de nuestros sueños. Aquí cabe la idea de que todo lo que vale, cuesta. Nadie puede escalar el Everest simplemente deseándolo por sofisticado que sea el equipo de alpinismo que haya comprado. Paso a paso el escalador se entrena para asumir el desafío.

El camino de ascenso exige que los músculos del escalador respondan, que sus pulmones y su corazón trabajen al cien por ciento. Su preparación pasa por el cuerpo, pero no se detiene allí: habrá visualizado el camino, lo habrá recorrido mentalmente y estará preparado para noches frías y oscuras. Su mente estará entrenada para las largas jornadas, para el temor de las avalanchas y para resolver las crisis.

Preparase implica haber 'visto' el punto de llegada, así nuestro destino cambie durante el recorrido. Exige aceptar la disciplina que requiere el desafío: jugar con la idea del sueño como algo conquistado, considerar todas sus dimensiones, analizar sus exigencias: qué hay que invertir, dar o sacrificar, y cómo crearlo –estrategias, acciones, posibles escenarios y resultados. Como si se tratara de un plano arquitectónico, detrás de cada sueño hay una 'idea visualizada'.

La auténtica preparación pasa también por el tamiz de las emociones. Quien aspire a conquistar la cumbre tiene que tener noción del miedo, del asombro, del éxtasis, del júbilo. Habrá de reconocerlas en el cuerpo, aceptarlas y trascenderlas. No podrá ser un extraño de sí mismo. Tendrá que conocerse y tener conciencia de aquello que lo hace único, y finalmente, estará dispuesto a abandonar la adicción de agradar a los demás a costa de sí mismo. Solo él o ella vive esta experiencia y solo para él o ella tendrá un significado específico.

Prepararse es también un acto de fe. Es decirle sí a lo que pueda venir, con la mera suposición de lo que puede ser el resultado de la acción. En este sentido, es también un acto de confianza consigo mismo porque nadie invierte tiempo y esfuerzo en algo en lo que no cree.

La preparación para hacer realidad las búsquedas pueden incluir aprender algo nuevo, investigar, crear, ensayar... para otras más íntimas puede ser conectarse consigo misma/o en el silencio, estar en contacto con la naturaleza, salir de sí mismo y servir a los demás... cada camino de preparación es único y espera ser descubierto. Cuando tomamos la decisión de crecer y ponernos a prueba comprometemos todo lo que somos. Nuestros sueños impactarán todas las dimensiones de nuestra vida.

Asumir el cambio de manera gozosa exige que nos preparemos para él y que entrenemos el músculo. Cualquiera que haya ido al gimnasio después de un periodo de quietud sabe lo que duele el cuerpo cuando se ejercita.

En este momento, desprovistos de cualquier ruido interior que pretenda alejarnos de nuestra búsqueda, reconocemos que 'el que quiere marrones, aguanta tirones', una expresión muy colombiana que significa que todo lo que es importante, exige valor.

Práctica 7: Preparase

- ✓ La práctica para desarrollar esta habilidad implica que hayamos visto la meta para preparar lo que sea necesario durante el recorrido. Cualquiera que sea tu sueño o tu búsqueda, lograrlo exige preparación. Responder a las siguientes preguntas te ayudará a 'ver' los pasos útiles a seguir.
    - o ¿Qué necesito?
    - o ¿Con qué cuento?
    - o ¿Qué me falta?
    - o ¿Qué tengo que hacer?
    - o ¿Qué tengo que cambiar?
- ✓ Tal vez tú tengas más preguntas que enriquezcan tu preparación para la aventura.

En la vida real...

- ✓ Esta habilidad te permite hacer un inventario de tus fortalezas y de los puntos débiles que requieren ser trabajados.
- ✓ Desarrollar esta habilidad te ayuda a ser realista y a trabajar para mejorar aquello que, por ahora, no cumple las condiciones necesarias para hacer realidad tu búsqueda.
- ✓ Esta habilidad te vuelve recursivo. Aprendes a suplir o remplazar una cosa por otra.

> ✓ Esta habilidad te permite ver la importancia de la sinergia, del trabajo en grupo y de la colaboración.

En la historia de Paula, ella, Alberto y Patricio trazan un plan para encontrar a Lucía y a Julián, ya que ninguno de los dos responde al teléfono. Paula abre el mapa en su teléfono y busca una a una las clínicas veterinarias de la región con la idea de que seguramente tuvieron que buscar ayuda en otro pueblo. Llama. Julián y Lucía no han ido a ellas.

Mientras tanto, Patricio prepara algo de comer y Alberto hace la lista de otros posibles lugares donde pueden estar. Es probable que hayan tenido algún incidente en las rutas que comunican con los pueblos vecinos y que la señal de los teléfonos celulares esté fallando dadas las condiciones meteorológicas. Paula, Alberto y Patricio se dividen las rutas, las tareas, y establecen puntos, y horas de encuentro. Como las condiciones climáticas han sido severas, Patricio alista un maletín con camisetas y comida. Dada la topografía de la región, encontrarlos será una tarea arriesgada y dispendiosa. Lo mejor será alquilar tres vehículos con suficiente tracción que respondan adecuadamente en terrenos difíciles.

Ejercicio 7: Primeras pruebas

Piensa en tu 'Experiencia poderosa' y responde:

- ¿Qué pruebas tuviste que enfrentar, qué tan preparado estabas para ellas y qué hiciste para salir adelante?

- ¿Qué fuerza interior te ayudó a perseverar?

- ¿Cuáles eran las emociones prevalentes?

- Escribe sobre los aprendizajes de cada una de estas pruebas. ¿En qué forma estos aprendizajes te transformaron?

Ahora hablemos de las pruebas que enfrentas en tu búsqueda actual:

- ¿Cómo son?

- ¿Qué tratan de probar?

- ¿Para qué te están preparando?

- ¿Qué estás aprendiendo de ellas?

- ¿Qué tan dispuesto estás a perseverar ante el obstáculo?

Octava habilidad:
Desafiar

(Aproximación a la cueva del laberinto en el viaje del héroe)

Este es el momento de las mariposas en el estómago. Tú y yo las hemos sentido en algún momento de nuestra vida: antes de entrar a aquella entrevista, antes de iniciar la competencia deportiva, antes de enfrentar el público... Ya hemos disminuido el volumen de la voz del 'no se puede' y podemos oír las otras melodías que hemos creado. Sus nombres son: expectativas y especulaciones. Hemos pasado de las cargas de las historias pasadas al peso de las historias futuras; a creer que la vida responde a planos y planes preestablecidos. Una ligera excitación recorre nuestro cuerpo y nos hacemos conscientes del arsenal de expectativas que hemos creado.

De alguna manera, enfrentamos un dilema: por un lado, las expectativas y las especulaciones se convierten generalmente en fuentes de sufrimiento porque su peso radica en el resultado final que hemos diseñado al detalle —uno o varios QUÉ que consideramos tallados en piedra— y en suposiciones que trazamos para un camino que es desconocido y que generalmente se apartan de lo que habíamos pensado —uno o varios CÓMO que también consideramos como únicas respuestas. Pero, por otro lado, tener al menos un bosquejo nos sirve de guía y aliciente para la acción. Este punto nos lleva nuevamente a reflexionar en las palabras del poema Ítaca de C. Cavafis; aferrarnos a un resultado preestablecido nos impedirá disfrutar el proceso. Abandonar las expectativas nos permite disfrutar del viaje, ser conscientes del momento presente, vivirlo plenamente y entregarle todo lo que somos.

Para que sea posible saltar hacia lo desconocido, como en las películas, entraremos al bar, dejaremos allí el equipaje de nuestras expectativas, tomaremos una o dos cervezas, haremos el amor y estaremos listos/as para entrar en el territorio de la acción. Hemos llegado a un punto en el que es prácticamente imposible dar un paso atrás. Digo 'prácticamente' porque esta es la hora de la verdad. Es el momento en que se activa nuestra habilidad de **desafiarnos.**

Práctica 8: Desafiarse

- ✓ La práctica para desarrollar nos invita a preguntarnos: y, ¿por qué no? Si otras personas han logrado el sueño, ¿qué me falta a mí para lograrlo? Si otros lo han podido hacer, ¿por qué no lo voy yo a poder hacer? Al responder a estas preguntas y conectarnos con nuestro cuerpo, reconoceremos la presencia del miedo. Así que...
- ✓ Llegó la hora de mandarle al miedo su carta de despedida. Aceptar el desafío exige un cambio de perspectiva sobre nosotros mismos. En la carta, déjale saber que dentro de ti están la fuerza y la sabiduría necesarias para dar los pasos adecuados. Adviértele que se lo demostrarás con tus acciones futuras.

> En la vida real...
>
> ✓ Esta habilidad te ayuda a entender que el crecimiento personal solo es posible cuando salimos de nuestra zona de comodidad y somos capaces de competir con nosotros mismos.
> ✓ Te ayuda a entender que todo tiene un momento propicio y que es justo en ese momento cuando se abren las posibilidades.
> ✓ Te deja ver que hay decisiones que nos cambian para siempre.
> ✓ Te ayuda también a establecer qué tan alto quieres llegar.

En la historia de Paula, los tres amigos se detienen en el centro comunitario de la Ye para conocer de boca de los habitantes locales cómo están las condiciones. Es probable también que alguien haya visto a Julián con Lucía, o sepa de un perro herido... Llegan al lugar en medio de una tormenta y quien los atiende les sugiere esperar a que cese la tempestad. Les ofrece un café caliente con panecillos de la región. Patricio, Paula y Alberto aceptan la sugerencia y se acomodan en una pequeña sala que está cerca del salón comunal. Mientras conversan, Patricio le da nueva información a Paula sobre cómo han sido los dos últimos años de Lucía desde cuando volvió al pueblo donde había crecido y donde estaría, al menos, cerca de Julián. Después de cumplir los dieciocho, Lucía quiso vivir sola y Paula consideró que era el momento adecuado para promover su independencia. Por eso Paula aceptó el ascenso que le permitiría cubrir los gastos de su hija; Aunque para entonces Julián se resignó con la situación a regañadientes, Patricio le deja saber a Paula que la relación entre el padre adoptivo y la hija ha mejorado sustancialmente; sin embargo, le comenta que Lucía es consciente de ser diferente y que cree que su mamá no quiere estar con ella por su condición.

Y, ¿qué tal si Lucía tuviera algo de razón?

El corazón de Paula se remueve y sus ojos se humedecen. En un instante, su perspectiva de la realidad cambia. Ahora 've' nítidamente los motivos reales para aceptar su ascenso, sus creencias que la llevaron a apartarse de su hija, sus afectos... pero más allá de todas las razones que la llevaron a adoptar dieciocho atrás a una niña que mostró ser diferente durante los primeros años de su desarrollo, reconoce el amor construido y la ternura, así como la naturaleza única del ser que la vida le regaló y que ha sido su motor.

Paula oye su voz interior. No hay tiempo que perder. Se levanta, respira profundo, agradece a Patricio sus palabras y sin esperar a que pase la tormenta, sale, toma su carro y arranca en busca de su hija. Alberto y Patricio la siguen. Continúan con el plan.

En los momentos de extrema presión aflora nuestro verdadero yo y pone todas las cartas sobre la mesa. No hay cabida para el autoengaño. Un instante de claridad deshace las barreras que hemos levantado, cuestiona las excusas que nos hemos dicho y desnuda la verdad. Este instante único es el sustento de nuestro momento de decisión. Es un punto de no retorno. Nada puede volver a ser visto de la manera antigua. Toda la perspectiva cambia. Se le quita poder al miedo, se le silencia, se le guarda en los corrales... El desafío empuja hacia adelante. Es hora de saltar hacia lo desconocido y de activar nuestro coraje.

Ejercicio 8: La aproximación a la cueva del laberinto

La aproximación a la cueva del laberinto en tu 'Experiencia poderosa'

➢ Escribe ahora los hechos o circunstancias que te obligaron a seguir adelante y que, en su momento, implicaron compromiso.

➢ ¿Cuál fue tu punto de no retorno?

➢ ¿Qué mundo dejaste atrás?

➢ ¿Qué te llevo a aceptar este riesgo?

La aproximación a la cueva del laberinto en tu búsqueda actual.

➢ Escribe ahora los hechos o circunstancias que te obligan a seguir adelante en tu *búsqueda actual* y que implican compromiso.

➢ ¿Cuál es tu punto de no retorno?

➢ ¿Qué mundo estás dejando atrás?

➢ ¿Qué hay detrás de tu decisión de asumir este riesgo?

➢ ¿Qué está cambiando en ti?

Novena, décima y undécima habilidades: Elegir, decidir, actuar

(La ordalía suprema en el viaje del héroe)

Como dijimos anteriormente, la perspectiva de nuestra vida cambia en un instante. El 'momento de decisión' altera nuestra forma de mirar aquello que frena nuestro impulso o detiene nuestro desarrollo. Como punto de no retorno que es, la visión antigua se desvanece y toda nuestra vida se ilumina con un matiz diferente.

Este cambio de perspectiva se refiere generalmente a la mirada que tenemos de nosotros mismos, al rol que desempeñamos, al valor que poseemos... En este punto nos hacemos conscientes de que en nuestras manos está el poder de hacer de nuestra vida un infierno o un paraíso. Entendemos que la única libertad que nada ni nadie nos puede arrebatar, es la de elegir con qué actitud queremos enfrentar la vida diaria.

Sin embargo, no basta con saberlo, hay que vivirlo. Por esta razón, son tres las habilidades que vamos a desarrollar en esta etapa. La primera es **elegir**; la segunda, **decidir**; y la tercera, **actuar**. Todas están relacionadas intrínsecamente. Cualquier acción efectiva que sea fruto de nuestras decisiones nos remite al ejercicio de la libre elección. Nuestro compromiso con la acción depende de ello. Sin libertad de elección, las decisiones no son nuestras, el compromiso es débil y las acciones carecen de 'alma'.

En la historia de Paula, ella, Alberto y Patricio, llevan cerca de dos horas buscando sin éxito a Julián y Lucia. Han recorrido una buena parte de las veterinarias de los caseríos cercanos a la Ye. Cada uno ha tomado una ruta diferente. Como las comunicaciones celulares no funcionan, convienen desde un principio encontrarse en la plaza de La Margarita, un pequeño pueblo de la zona, a las 4 de la tarde. A partir de este momento, cualquier cosa puede pasar así que lo que más les conviene es abrir bien los ojos y estar atentos.

En las historias que leemos o vemos en la pantalla, entrar en el laberinto significa que todo lo que puede ir mal se empeorará y se hará más grande, como una bola de nieve que cae. Aparecerán los obstáculos aparentemente insalvables que exigen que activemos nuestros mejores recursos y habilidades, que hagamos uso de todo aquello que hemos aprendido, que despleguemos nuestros talentos –los conocidos y los ocultos– y que recordemos a cada instante que al haberle dicho **sí** a la vida decidimos asumirla con todos sus riesgos. Cada hecho, cada acción en este laberinto nos pone de cara a lo desconocido. Supone respirar profundo y enfrentar aquella frase de 'te vas a caer' para recordar cuántas veces trepamos en los árboles sin la supervisión del pesimista sólo para disfrutar la conquista del horizonte.

¿Qué habrá pasado con Paula? La tormenta no cede y empieza a atardecer. Deciden continuar en un solo carro. El más cómodo es el que ella alquiló. Después de preguntar a los locales cuál es la ruta más corta para ir al pueblo vecino, Paula, Alberto y Patricio se internan en un camino rural que después de cuarenta minutos se convierte en una trocha angosta sin mayor visibilidad. El carro deja de funcionar. Se ha quedado sin gasolina. Patricio le reclama a Paula su falta de observación y de previsión, y se enganchan en una agria discusión en la que salen a relucir viejos rencores. Patricio le recuerda todos sus errores del pasado. No es exactamente lo que ella necesita en este momento.

En la vida y en la construcción de las historias, el conflicto juega un rol definitivo. Sin conflicto no hay arco de transformación. Aunque se le ha visto como 'el malo del paseo', su función es enriquecedora porque nos permite ejercitar el músculo del razonamiento, y como herramienta dialéctica que es, nos ayuda a encontrar nuevas respuestas. Una situación que genera conflicto involucra el enfrentamiento de dos fuerzas contrarias y, generalmente, de la misma intensidad. Este enfrentamiento activa nuestra capacidad de encontrar nuevos caminos y sugerir soluciones creativas. Como si se tratara de una pesa de varios kilos en un gimnasio, el conflicto nos entrena para reconocer la justa dimensión que tiene cada cosa en nuestra vida y para abrirnos al cambio.

Práctica 9: Elegir, decidir, actuar

- ✓ Cuando hiciste la práctica de *prepararse* diste respuesta a preguntas que te ayudaron a 'ver' los pasos útiles a seguir. Es el momento de iniciar la acción.
- ✓ Es el momento de elegir qué quieres hacer. Abre los ojos nuevamente... las opciones son infinitas.
- ✓ Decide un camino y arranca tu viaje. La acción trae siempre sorpresas. Abrázalas y mira todas las

> posibilidades que traen tanto el éxito en tus acciones como el fracaso. Siempre hay algo que aprender.
>
> En la vida real...
>
> - ✓ Desarrollar la habilidad de elegir te pone en sintonía con tus verdaderos valores e intereses.
> - ✓ Esta habilidad te ayuda a reconocer que hay mil caminos posibles para llegar a un punto.
> - ✓ Al decidir, concentras la energía en solo uno de ellos.
> - ✓ Desarrollar esta habilidad te hace dueño de tus elecciones.
> - ✓ Al actuar, pones en movimiento el engranaje de la vida. Las acciones *siempre* producen resultados.
> - ✓ Esta habilidad te permite entender el valor del conflicto como herramienta que abre nuevas posibilidades.

En este momento, la situación de Paula, Alberto y Patricio es patética. Están anclados en la mitad de ninguna parte, con un carro que ha dejado de funcionar, incomunicados con el mundo exterior, sin tener idea de qué pasa con Julián y Lucía, y con el ánimo en el punto más bajo.

Alberto propone regresar. Pronto se hará de noche y será todo más difícil. Patricio está de acuerdo. Paula lo piensa dos veces. 'No', decide. Eso no será lo que ella hará. Su lógica le dice que el mismo tiempo y riesgo que corren devolviéndose, lo tendrán siguiendo hacia adelante. Reconoce que tendrán que caminar por la trocha, que el terreno es desconocido y que será necesario estar muy atentos a la superficie del suelo. Sabe que el mal estado de ánimo no sirve en este momento y trae a colación los recuerdos de cuando ella, Patricio y Julián se internaban por la montaña sin temor en expediciones improvisadas. ¡Ah, tiempos aquellos, antes de que el miedo hiciera de las suyas! Si lo hacían antes cuando tenían menos herramientas, también podrán hacerlo ahora. Con esta nueva convicción, reconocen que no todo tiempo pasado fue mejor y que cada nueva experiencia los ha enriquecido.

Al retomar las riendas de nuestra historia personal, el cambio adquiere un significado diferente. De alguna manera pierde la connotación de que algo no estaba bien y que era preciso aniquilarlo para asumir un significado más enriquecedor, grato, gozoso y amplio. Se trata ahora de abrazar nuevas experiencias. Este enfoque requiere, sin embargo, que nuestras acciones sean claras, firmes, y orientadas a un propósito general.

Cierra los ojos por unos momentos y piensa en aquello que viene a tu cabeza cuando oyes la palabra 'acción'. Generalmente la asociamos con movimiento. Tal vez sientas algo que se mueve en todas las direcciones, hacia los lados, traslapando una acción con otra de manera que la actividad se convierte en frenesí. Como sucede en ocasiones con los pensamientos que no se detienen y saltan del 'timbo al tambo', las acciones suelen caer en esta categoría. Habrás sentido ya que me refiero al tipo de acción que realizamos cuando se ha perdido el foco.

Ahora, piensa en la acción como una bola gigante de energía que estás poniendo frente a ti, una bola de la que no puedes apartar la vista porque de ello depende su existencia. Esta acción proviene de lo más profundo de ti, de tu conexión con el instante presente y con tu alma. Hace oídos sordos de las exigencias del ego; no está esperando aprobación externa porque se nutre de esa energía interior que busca expresarse de la mejor manera. Esta acción está cargada de intención, la haces para algo y por algo que trasciende. Una acción efectiva requiere del cien por ciento de nuestra presencia en la actividad que estamos realizando. Puede ser simplemente hacer el cuadro de Excel, lavar los platos o doblar la ropa, estás ahí… no a medias; no pensando en qué vas a hacer mañana o pasado mañana… estás ahí completo/a, fluyendo **con** y **en** la acción. Enriqueces la acción con la atención que le brindas y con la actitud con que la realizas. Es una acción sagrada, por insignificante que sea. Recuerda: esta acción es fruto de una decisión que has tomado después de elegir libremente. Si piensas que lavas los platos porque te 'toca' estás actuando con el libreto del censor a quien le encantan los 'deberías' y 'tendrías que'. A esta faceta de nuestro ego la silenciamos cuando decidimos dudar de la duda.

Con conciencia, atención y enfocados en las irregularidades y riesgos del camino, Paula, Patricio y Alberto eligen libremente. Deciden continuar y logran superar los incontables obstáculos que se les presentan en su recorrido: Patricio se ha tronchado un pie y tal vez lo tiene fracturado. Alberto y Paula tienen que ayudarlo a dar cada paso. El hambre y la sed apremian. Alberto duda y se pregunta: ¿no habría sido mejor quedarse en casa de Julián hasta esperar que Lucía y su padre aparecieran? Paula opina que tal vez para ellos sí, pero para ella no; ella está comprometida hasta la médula con su decisión. Después de oír las confesiones de Patricio sobre lo que Lucía siente, lo que está en juego es mucho más que las mordeduras en la pierna de un perro. Por primera vez, tal vez desde que se dio cuenta de que algo pasaba con Lucía, todo el tinglado de su vida se viene abajo. Nada de lo que hasta entonces era importante tiene sentido en este momento. Las palabras de Patricio la dejaron sin aire. Ese fue su punto de no retorno. El remezón emocional que la habita en este momento, la conecta con algo muy profundo dentro de ella.

Digamos entonces que hemos decidido actuar para recuperar nuestro poder personal: ¿qué características debe tener la acción para que no se convierta en una prisión? Cuando la acción proviene de nuestra relación con la fuerza vital y se expresa en el momento presente, se libera de la necesidad de arrojar resultados que apelan a la fantasía del futuro, es decir, a las expectativas.

Cuando hablo de 'resultados' me refiero a la Empresa Láctea de La Lechera, la fábula. Si la recuerdas, la historia habla de una joven campesina que llevaba en su cabeza el cántaro de leche producida por sus vacas. En el trayecto, su mente se entretuvo pensando en el dinero que obtendría con la venta, en lo que podría hacer con él, en las mil vacas que compraría en el futuro y en la gran empresa láctea que podría montar con los ingresos de la leche de las mil vacas, hasta cuando tropezó y su cántaro cayó al piso. La leche y sus sueños desaparecieron entre las piedras del suelo.

Tal como sucede con este viaje en general, la acción en sí misma vale más que su fruto. Cuando nos aferramos a la idea de que el resultado de una acción tiene que ser el que nuestra mente quiere, estamos cargándola con fuerzas que le restan belleza. En primer lugar, estamos en el territorio de forzar los frutos de la acción para que coincidan con lo que hemos diseñado en nuestra mente. Estamos en el mundo del pensamiento 'transgénico'. Cuando una flor está brotando, su belleza depende de la espontaneidad de su forma, del equilibrio de sus pétalos, de la interacción armónica con las hojas y las ramas. Cuando se la modifica genéticamente lo primero que pierde es su espontaneidad. Será igual a la vecina, y a la otra y a la otra… su carácter único se ha perdido. Abrir nuestra mente a los distintos resultados posibles de la acción, nos entrena en la tarea de confiar en la perfección del universo y de la inteligencia que habita en todas las partículas que lo componen.

Cuando nuestras acciones están impulsadas por la intención —ese propósito general del que hemos hablado anteriormente— florecen con la espontaneidad y la belleza de la flor salvaje. La intención marca la dirección de la acción. Y sí, de acuerdo, para lograr ese avance tecnológico que obedece a nuestra intención, tendremos que hacer la plantilla de Excel, la investigación, el diseño, el molde o cualquiera de las actividades que se requiera; pero para ese momento, el mapa final del resultado será un misterio. Valdría la pena preguntarles a los creadores de los grandes avances de nuestra civilización si cuando les dieron vida a sus inventos imaginaron la dimensión y el impacto que tendrían sus creaciones en este momento de la historia. La consecuencia de la acción suele ser superar a la suma de sus partes.

Este punto nos acerca a la idea de la aceptación. 'Aceptar' es completamente diferente a 'resignarse pasivamente'. Si se prende fuego en una casa, 'aceptar' no significa quedarse sentado en la silla hasta que las llamas se lo devoren vivo. La persona tendrá que reaccionar, activar las alarmas, llamar a los bomberos, usar todos los recursos a su alcance para detener las llamas, y al día siguiente o minutos más tarde, hacer un inventario de sus pérdidas, llamar al seguro y hacer las reclamaciones de rigor. Lo que tendrá que 'aceptar' es que las fotos irremplazables se perdieron, el vestido nuevo que aún no se había estrenado y la bicicleta de su hijo, se quemaron. Pero, ante todo, tendrá que aceptar que el incendio sucedió, que le pasó a él y a su familia, y evitar victimizarse o crear historias de dolor. Lamentará sus pérdidas, sí, pero aceptará. Nuevamente, se trata de sintonizarse con la confianza para entender que todo 'es perfecto' aunque a veces no lo entendamos.

Si miramos la acción con los ojos de un niño, será la curiosidad quien gobierne nuestro deseo de abordar las distintas facetas de la acción. Le permitiremos tener su propia vida, la dejaremos ser, saborearemos el gozo del momento presente, aceptaremos gustosos el exponernos al riesgo y al fracaso, y nos regalaremos la oportunidad de eliminar las expectativas, –una de las mayores trampas que nos aleja de la felicidad verdadera.

Una acción de tal naturaleza se alimenta de la paciencia, acepta las cosas como son, está 'ahí' con nuestro cuerpo. En este estado, la energía creativa fluye y nos damos a la vida. El tiempo parece detenerse. Reconocemos el hecho de estar vivos y agradecemos el momento presente.

Nuestro ser se involucra en la acción consciente y presente. En el propósito de respetar al ser que somos, haremos lo que esté a nuestro alcance para que la acción refleje lo mejor que podemos hacer sin engancharnos en las trampas del perfeccionismo y el control. Uno y otro hacen parte de la agenda del ego que quiere hacernos creer, que somos mejores que los demás e invencibles.

Otro punto que tendremos que considerar en el momento de la acción es dejar de lado la tendencia a juzgarlo todo en términos de dualidad: bueno/malo, bonito/feo, etc. El juicio se convierte en una cortina de humo que enturbia nuestro discernimiento e intoxica nuestras relaciones. Nuestro mayor reto será salir de la cadena del juicio porque si creemos que éste es 'malo', estaremos juzgando al juicio. Entonces, aprenderemos a mirarlo y no a juzgarlo para no caer en la trampa del gato que se muerde la cola.

Mientras tanto, en la historia de Paula, los tres personajes llegan a la plaza central de Puente de Piedra, donde ven que está parqueado el carro de Julián. Después de varias horas de caminar bajo la lluvia, hambrientos y apoyando a Patricio, recuperan la esperanza. El trayecto no ha sido sencillo. Han tenido que enfrentar precipicios, parajes oscuros y resbaladizos, y batallar con las 'serpientes del camino', las mismas que enfrentamos todos en nuestra vida cotidiana.

Paula acelera el paso e ingresa a un local donde funciona una clínica veterinaria muy precaria. Allí están Lucía y Julián, esperando que Joy, su adorada perrita, se despierte de la cirugía que ha sido larga y extenuante pues el veterinario se vio forzado a amputar la pierna destrozada.

La Paula, el Patricio y el Alberto de este momento del viaje no son los mismos que se encontraron hace varias horas en la casa de Julián en la pequeña ciudad. La acción y los conflictos han adelgazado las capas de su piel y ahora son más sensibles, empáticos, comprensivos de sí mismos y de los demás. Han hecho elecciones y tomado decisiones trayendo al presente el arsenal de fortalezas del pasado, y silenciando el miedo y las creencias que los habrían podido paralizar.

Ejercicio 9: La ordalía suprema

La ordalía suprema en tu 'Experiencia poderosa':

- Narra todos los eventos que te sucedieron en esta etapa del viaje. Nárralos con ojos de aprendizaje y transformación.
- ¿Cuáles fueron tus elecciones?
- ¿Qué decidiste?
- ¿Cómo actuaste?
- ¿Cuáles fueron las consecuencias y qué generó cada una de ellas?
- Cuando ves esta experiencia en el presente, es posible que estés entendiendo asuntos que en su momento eran un misterio. ¿Qué sentido le ves a las distintas circunstancias de tu vida relacionadas con la experiencia?
- ¿Qué cambió en ti?

La ordalía suprema en búsqueda actual:

- ¿Qué elijes?
- ¿Por qué lo elijes?
- ¿Qué decides hacer?
- ¿Cómo lo haces o piensas hacerlo?
- ¿Qué estás aprendiendo?
- ¿Qué estas ganando?
- ¿Qué se está quedando atrás?
- ¿De qué te estás deshaciendo?

Decimosegunda habilidad:
Afirmarse

(La recompensa en el viaje del héroe)

Paula abraza a Lucía durante un largo rato hasta que sus brazos disipan la tristeza que la acompaña. Julián habla y habla sin parar. Fragmentos de los detalles de la cirugía y los esfuerzos del médico para salvar la vida de Joy, se mezclan con el relato de la odisea vivida por Alberto, Patricio y Paula. El veterinario sugiere que busquen una posada local para que el perro pueda pasar la noche en la clínica y todos puedan regresar sin riesgo al otro pueblo o a la ciudad al día siguiente.

Al llegar a la posada, Paula y Lucía se dirigen a la habitación que les ha sido asignada. En el fondo de su corazón Paula se siente satisfecha por haber insistido en continuar hasta encontrar a su hija. Siente que hizo todo lo que su corazón le decía que quería hacer, más allá de sus fuerzas y capacidades. Está físicamente agotada y, aunque descansar y dormir son una opción, les propone a Lucía, Julián, Alberto y Patricio que se reúnan para desahogar la presión de este momento.

En gran parte de las historias, este es el momento de recibir la recompensa y hacer realidad la búsqueda visible. Todo lo que ha sucedido en la etapa anterior ha traído una suerte de agotamiento que es necesario liberar. Cada uno de los personajes de la historia tiene su propia mirada de los hechos. Todos son parte de un algo común, pero rescatan su perspectiva única para ser 'parte de algo' pero no 'perderse a sí mismos'.

Habrían podido quedarse quietos y esperar que las cosas se resolvieran por su propia inercia. Esta siempre es una opción, así que cabe la pregunta de qué tan necesaria es la acción y cuáles son los verdaderos motivos para realizarla. Paula no es veterinaria. No habría podido intervenir en la cirugía del perro ni garantizar resultado alguno. Sus amigos tampoco. Sin embargo, la acción que Paula emprende va más allá de las consecuencias pragmáticas de la misma. Va, porque un impulso que proviene de lo más profundo de su ser le dice que es lo que debe hacer, porque su hija necesita apoyo, porque la mueven el afecto y la solidaridad, y en ese punto la acción es válida. La acción facilita que, en el camino, algo muy poderoso de ella misma empiece a emerger.

La acción en el mundo exterior permite que nuestro Ser –la Divinidad de la que estamos hechos– se exprese. La acción, además, conecta nuestra mente con el cuerpo y nos recuerda la sacralidad de este último. Sorprende ver cuánto se aumenta la autoestima de niñas y niños cuando crean con sus manos, construyen y organizan. Tal vez uno de los aspectos que vale la pena repensar de los sistemas educativos actuales es el hecho de darle un mayor estatus a la actividad intelectual y desconocer el inmenso valor del 'hacer'.

Práctica 10: Afirmarse

- ✓ Esta práctica se propone para que hagas un reconocimiento de aquello que te hace único. En cada búsqueda piensa: ¿Por qué soy yo la persona indicada para hacer esto?

- ✓ Recuerda tu bagaje, las experiencias del pasado, los aprendizajes, las características de tu personalidad que te hacen única/o.
- ✓ Pregúntate: ¿Por qué ahora?
- ✓ Afirma aquello que te hace especial.

En la vida real...

- ✓ Esta habilidad te ayuda a valorar tu inventario personal con la idea de ser absoluta y totalmente único/a. Nadie en este planeta vive o ha vivido, tiene o ha tenido, el cien por ciento de *tus experiencias*.
- ✓ Esta habilidad te ayuda a reconocer que estás dotado de todo lo que necesitas para obtener lo que te propongas.

En uno de los talleres de "El Poder de tu historia" realizamos la práctica que se propone en este capítulo. Después de haber elegido una acción específica del aparte anterior, una de las participantes sometió la acción a las tres preguntas de esta práctica: ¿Por qué yo?, ¿Por qué aquí? y ¿Por qué ahora? El resultado de su análisis fue tremendamente revelador. Ella era la persona adecuada para realizar esa acción por su bagaje profesional, sus intereses personales y las circunstancias de su vida actual. Si bien estas eran razones de peso, dos ideas le permitieron ver que ella y solo ella era la llamada a realizar la acción: la primera, que dada su experiencia personal, su acción podía arrojar una nueva mirada a un tema sensible y polémico para enriquecer el mundo de otros, y la segunda, que su acción podía inspirar sensibilidad y humanidad en una realidad que ha puesto en riesgo la dignidad de muchos.

De alguna manera, el análisis nos arroja la imagen de aquello que nos hace únicos en este planeta. La forma como se entrelazan las distintas variables de nuestra condición y de nuestras circunstancias le dan un peso enorme a nuestro actuar. Por tal razón, la habilidad que podemos poner en práctica en este momento es la de *afirmarnos*.

Afirmarnos es hacer uso del privilegio de pertenecernos a nosotros mismos. Al hacerlo ejercemos el sagrado derecho a ser coherentes con lo que somos, decimos y pensamos. Es decir 'sí se puede' en primera persona. Sí tienen razón de ser los esfuerzos individuales y colectivos, sí podemos impactar al mundo.

Dijo 'sí se puede' quien atravesó el mar guiado por un astrolabio y una brújula, quien supuso que la luz cabía en una bombilla, quien pensó que la información se podía guardar en la nube digital, que la imagen de una persona ausente se podía recrear en un holograma... nuestra experiencia cotidiana está marcada por todos aquellos que soñaron y dijeron sí se puede.   Por tal razón, nuestra acción cuenta. Sí se pueden limpiar los océanos, proteger las especies en vías de extinción, dignificar el trabajo humano y respetar a todos los seres humanos sin importar el color de su piel, su credo, su condición social o económica, sus preferencias sexuales o su país de origen.

Ejercicio 10: La recompensa

La recompensa en la 'Experiencia poderosa'

➢ ¿Cuál fue tu recompensa? ¿Hace parte del mundo exterior?

La recompensa en tu búsqueda actual

➢ ¿Qué recompensa estás obteniendo por las acciones del paso anterior? Puede tratarse de ese trabajo con el que soñaste tanto, esa relación que querías tener, o cualquier otra meta que te hubieras planteado en la búsqueda.

➢ ¿Hace parte del mundo exterior?

➢ ¿Qué tan satisfecha/o te sientes con esta recompensa?

TRASCIENDE: UN MUNDO NUEVO

El regreso es un camino entre nubes porque aún estamos embriagados de placer por el deber cumplido. Hemos llevado a feliz término nuestra búsqueda en el mundo exterior. Nos sentimos plenos y satisfechos, y tenemos la recompensa en nuestras manos. Aparentemente hemos llegado al final de nuestra historia y, en la superficie, todo es magnífico. ¿Qué más podríamos pedir?

Decimotercera habilidad:
Soltar

(El regreso a casa en el viaje del héroe)

Al llegar a casa, nuestros ojos recorren los lugares que, hasta hace poco, nos hacían felices; pero aquella melodía que tiempo atrás arrebataba nuestro corazón ya no despierta emoción alguna, la deliciosa sopa de tomate que añorábamos ha perdido toda suculencia... los espacios nos parecen más pequeños y nos vamos dando cuenta poco a poco, de que durante el viaje fuimos idealizando nuestra vida cotidiana hasta convertirla en mito.

De repente la magia se empieza a desvanecer; repetimos y repetimos el relato de la hazaña para revivir la emoción, pero cada vez que la contamos, el encanto se disipa. ¿Por qué está pasando esto sí, aparentemente, todo salió como lo habíamos planeado? De pronto, empezamos a sentirnos extranjeros en territorio conocido y extraños en nuestro propio cuerpo. En un principio creemos que se trata del cansancio propio de una jornada extenuante hasta cuando cruza por primera vez en nuestra mente la pregunta: Todo esto, ¿para qué?

¿Por qué tantos profesionales exitosos se sienten vacíos al final de su carrera? ¿Por qué hacemos lo indecible para tener la casa de campo o por hacer ese viaje, o entrar a esa universidad, y después de lograrlo nos sentimos infelices?

Algo similar pasa en la historia de Paula. Ella y Lucía regresan a la habitación. Es muy tarde y necesitan recuperarse de la dura jornada para emprender el viaje de regreso. Lucía apoya su cabeza en el regazo de su mamá mientras conversan. La inquieta pensar qué va a pasar con Joy cuando despierte sin una pierna.

Lucía se pregunta si sí valió la pena haberle salvado la vida a Joy. Sus argumentos son claros: ella quería tener un animal para jugar con él, para llevarlo al parque, para ponerle uno de esos vestidos humanos con los que ahora disfrazan a los perros... ella quería entrenarlo para que hiciera las piruetas de los fenómenos de YouTube... esas eran sus expectativas.

En este punto es probable que algunas de nuestras expectativas que teníamos se hayan cumplido. Expectativas en el terreno del hacer –lograste terminar aquella carrera que luchaste con tanta disciplina–, en el tener –lograste conseguir la casa de tus sueños, o el carro, o el electrónico de moda–, o en el estar –conquistaste la posición que querías, iniciaste la relación con la que habías soñado. De pronto, te das cuenta que tus conquistas dan respuesta no sólo a tus expectativas sino a las que han puesto en ti tus padres, tus amigos, tus conocidos, las personas de tu equipo. Hasta aquí todo muy bien, aparentemente.

Tal como le sucede a Lucía, nosotros también hemos caído en la trampa de la expectativa. En ella hemos puesto la valía de nuestra búsqueda, la hemos dotado de un aura casi 'milagrosa' y ahora que tenemos la recompensa en nuestras manos, el objeto del deseo ya no nos satisface. Ítaca no era como la habíamos imaginado... el éxito profesional no garantiza la felicidad... la casa en el campo tiene problemas con el pozo séptico... en aquel lugar de nuestros sueños no tenemos amigos...

Supongamos que todo sale como lo hemos planeado y que los resultados exceden las expectativas. Aun así, algo falta. Cuando trazamos el mapa de lo que esperamos –consciente o inconscientemente– y el resultado no se ajusta exactamente a ellas, o cuando se cumplen, pero se refieren únicamente a las conquistas externas, perdemos la esperanza de darle plenitud a nuestro mundo. Caemos en la 'desesperanza'. Creímos que ya todos los obstáculos se habían superado, que nuestra búsqueda estaba satisfecha y que podíamos celebrar el triunfo. Sin embargo, algo grande, muy grande, nos hace falta.

El primer síntoma de esta carencia es la pérdida del entusiasmo. Como si se hubiera levantado un velo ante nuestros ojos, los colores de la realidad se perciben opacos e indefinidos. Empezamos enseguida a poner en tela de juicio nuestras certezas e inclusive, nuestros afectos. En algunos casos nos invade un ligero sabor de rabia o resentimiento. En otros, nos habita la sombra de ser víctimas de una injusticia: familiar, social, por parte de nuestros amigos, del sistema, de la religión, de los amores... y hasta de la vida misma.

Como la desesperanza no cede sino que, por el contrario, se agudiza, ponemos en marcha otros mecanismos: iniciamos otra búsqueda cualquiera en el mundo exterior y repetimos el ciclo una y otra vez, o entramos en negociaciones o peleas con el dios mágico que hemos creado, cualquiera que sea la forma como lo concebimos. ¿Qué tal si me ayudas con... y yo, te prometo, dejo el chocolate? En este momento estamos ante el riesgo de regresar a la condición de víctima, pero nuestro sentido común es sabio y nos dice que no hemos hecho este viaje para devolvernos al punto de partida con las manos vacías, así que decidimos continuar.

Negar el dolor y la desesperanza es permitirles que se conviertan en vacío, miedo, odio, resentimiento o amargura, así que resulta más constructivo darles la bienvenida, invitarlos a pasar, sentirlos y preguntarles cuál es su mensaje. El riesgo de no hacerlo es que se detenga en este punto la búsqueda espiritual y quedemos literalmente en un terreno gris e intermedio al que algunos llaman el 'purgatorio':

las conquistas externas no nos satisfacen y no sabemos cómo continuar la conquista de las búsquedas interiores.

En este momento tenemos dos opciones: podemos sentir que la vida y sus luchas no tienen sentido, o simplemente, nos abrimos a la posibilidad de que el sentido habite en el terreno de lo no visible y, a partir de esta certeza, lo buscamos en esa dimensión. Así que es hora de mirar de frente a los fantasmas que hemos creado y desinflarlos. No serán más que pedazos de caucho, que habían adquirido vida con el aire de nuestros pulmones con que los insuflamos.

Por tal razón, la tarea de esta etapa del camino es **soltar**, desapegarnos de los resultados, evitar tejer historias con finales prediseñados, saturados de expectativas, para entrar en la gozosa actitud de apreciar y agradecer cada instante como es y con lo que traiga, para dejar que la vida sea. Cualquier énfasis que haga en la apreciación y el agradecimiento es mínimo frente al caudal de beneficios que estas dos actitudes traen, y que solamente las podemos palpar cuando las incorporamos en nuestra vida cotidiana.

Práctica 11: Soltar
- ✓ Realiza un listado de todas las expectativas que tienes relacionadas con el tener, el hacer y el estar. ¿Qué ganas si todas se hacen realidad? ¿Qué pierdes si no se concretan? ¿Qué imagen tienes de ti mismo/a si las logras? ¿En qué cambia tu verdadero ser para bien o para mal si tus expectativas se hacen o no realidad?

- ✓ Haz una lista de todas aquellas cosas que haces solo por placer y sin esperar nada a cambio. Compara lo que sientes con cada una de ellas con lo que sientes cuando de por medio hay expectativas.
- ✓ ¿En qué trampas de expectativas del tener, hacer o estar, has caído?

En la vida real...

- ✓ Desarrollar esta actividad te ayuda a entender que la película mental que fabricas sobre cuál debe ser el resultado de lo que haces impide, muchas veces, que disfrutes los resultados de tus acciones.

Ejercicio 11: El regreso a casa

El regreso a casa en la 'Experiencia poderosa'

➢ Describe las circunstancias que sucedieron después de haber obtenido 'la recompensa' en tu 'Experiencia poderosa'.
➢ ¿Cómo te sentiste?
➢ ¿Qué te faltó?
➢ ¿Cómo describes ese entorno que habías idealizado durante el viaje?
➢ ¿Qué te viste a ti mismo/a después de lograr lo que querías?

El regreso a casa en la búsqueda actual

➢ Describe las circunstancias que han sucedido en tu búsqueda actual y que te llevan a pensar que estás obteniendo 'la recompensa'.
➢ ¿Cómo te sientes?
➢ ¿Qué te falta?
➢ ¿Cómo describes el entorno que habías idealizado durante el viaje?
➢ ¿Lo percibes ordinario o extraordinario?
➢ ¿Qué te veías a ti mismo/a tras haber conquistado lo que querías?
➢ ¿Cómo creías que serías después de lograr lo que querías?

Decimocuarta y decimoquinta habilidades: Entregarse y manifestarse

(*Muerte y resurrección en el viaje del héroe*)

Los dos puntos críticos de la transformación confluyen en esta etapa del viaje. El primero de ellos está intrínsecamente ligado al universo de las expectativas y los adioses; y el segundo, en una confrontación con nosotros mismos, nos lleva a un territorio sagrado, desnudo, impecable y luminoso, porque lo que muere en el primero abre las puertas del perdón y de la compasión hacia nosotros mismos y hacia los demás.

La historia de Paula atraviesa por su 'muerte y resurrección' simbólica.

Patricio regresa a la ciudad a la mañana siguiente. Tendrá que encargarse de recuperar el carro que quedó abandonado la tarde anterior en la mitad del camino e intentar que todo vuelva a la normalidad. Alberto revisará que pasa con Joy en la clínica veterinaria. Paula y Lucía terminarán de arreglarse y estarán listas para cuando él regrese.

Después de desayunar, Paula y Lucía se dirigen a la pequeña sala que hay en el hotel donde Julián las espera. Lucía quiere usar la crema de manos que su mamá tiene en su cartera. Al abrirla, se encuentra con la foto de ella siendo una bebé de brazos y somete a Paula a un intenso interrogatorio sobre su infancia. Las respuestas incoherentes y contradictorias de Paula llevan a Lucía a confrontar a su mamá, pidiéndole una serie de explicaciones. Cada respuesta, en lugar de sosegar el ánimo de Lucía y apaciguar su curiosidad, despierta una suerte de rabia en la joven quien siente que todas las verdades de su vida le fueron negadas, por considerarla incapaz de asumirlas y por lástima. En un determinado momento, Lucía confronta a Paula. No hay cabida para más excusas: ha llegado la hora de la verdad.

Paula habla: antes de casarse con Julián, quedó embarazada pero nunca lo dijo. Cuando supo que él pensaba que las mujeres se embarazaban para atrapar a los hombres, decidió abortar. Ya habría otros momentos para tener hijos, pensó, pero no los hubo. Paula quedó con la convicción de que le debía un ser a la vida. Por esa razón insistió hasta la saciedad en adoptar a una bebé hasta que a Julián no le quedó más remedio que aceptar. Y así fue como Lucía llegó a sus vidas.

Lucía no puede creer lo que acaba de oír de labios de su mamá. Julián hace un largo silencio. Tampoco él puede dar crédito a lo que escucha y con mucha rabia, le recrimina a Paula sus contradicciones, sus falsedades, sus incoherencias... al menos él, dice, ha sido coherente con su ser. Sin más explicaciones, se marcha.

De la misma manera que en etapas anteriores reconocimos la utilidad del conflicto, en este momento es preciso abrazar la crisis como un punto de giro de innegable valor. La crisis es el momento máximo de tensión. Permite que se enfrenten las fuerzas opuestas y se libere una energía nueva: en el pico más alto de ella se encuentra la semilla de la transformación.

¿Cómo es ese pico? ¿Qué pasa en él?

Es el momento de la muerte. Sin negar el dolor que la muerte real trae para quienes sobreviven, tal vez es hora de devolverle su valor: la idea de la muerte establece el plazo perentorio para que **vivamos** con plenitud; para que saquemos a relucir nuestros talentos; para que experimentemos la belleza, la bondad, el altruismo; para que nos comprometamos con nuestra propia existencia.

La muerte y el cambio son las dos caras de la moneda. En estricto sentido, todo cambio supone una muerte; la muerte de una idea vieja, de una estructura inservible. La muerte nos rodea desde el instante en que nacimos. Como la cara final de cada ciclo, nuestra vida está marcada por una interminable cadena de adioses. Dijimos adiós a ser bebés, a ver al mundo cargados en los brazos de nuestros padres, a la escuela elemental, a la secundaria, a la etapa universitaria, a la vida de solteros, a la vida en pareja, a los distintos trabajos, y a los diferentes grupos a los que pertenecimos. Cada adiós trajo algo nuevo. En nuestro caso, la maravilla de esta travesía es que, en el viaje hacia el fondo de nosotros mismos, muere la 'imagen' del *yo* para revelar al verdadero.

Para ello tendremos que desarrollar la habilidad de **entregarnos.**

Entregarse… ¿A qué? ¿Por qué?

Siempre he considerado que superar esta 'noche oscura del alma' es la mayor prueba de fe. Aún en la desesperanza, este es el momento de liberarnos de una vez por todas de las cargas que impiden el despliegue de nuestras alas. Por cargas me refiero a las que imponen el deber ser, la historia personal y las expectativas, y por alas, a la creatividad perfecta que nos asiste en cada instante en que decidimos expresar con autenticidad y coherencia la realidad del Ser que somos.

Como la palabra 'expectativa' vuelve a aparecer en este punto, detengámonos un poco más en el nuevo significado que adquiere: esta vez no se trata de la 'consecución de metas en el mundo exterior o material' sino de la expectativa de responder a la *autoimagen,* la máscara, el ego o como lo quieras llamar, que hemos construido sobre nosotros mismos.

Estamos ahora ante la expectativa en la dimensión del Ser. Al mirarla frente a frente nos damos cuenta de que hemos aceptado gustosamente las máscaras o roles para protegernos. Hemos levantado escudos y corazas a lo largo de la vida; hemos asumido armaduras y elaborados defensas de todo tipo para evitar que el dolor nos toque. El grosor de tales armaduras es tal que la luz no puede colarse porque nuestra armadura es sólida, tan sólida que nos esconde de nosotros mismos. Adormecidos en medio de la oscuridad, hemos aprendido a no sentir el dolor, la frustración, la rabia o la tristeza, y de paso, hemos perdido la conexión con la vitalidad de la alegría, del amor y del gozo. En su lugar, hemos entronizado el control, el perfeccionismo y el silenciar nuestra propia voz, y hemos aprendido a huir velozmente de todo aquello que implique romper las barreras y los escudos tras los que nos hemos escondido.

Devuélvete a tu infancia y mira el niño o niña que eras a los 8 años: probablemente encontrarás a un ser curioso, con ganas de aprenderlo todo, de observarlo todo... inquieto, alegre, ingenuo, soñador. Desafortunadamente para la humanidad hoy día, esta no es la realidad de todos las niñas y niños del mundo, y por esta tragedia colectiva deberíamos estar adoloridos y preocupados. Pero, volvamos a ti que estás leyendo estas páginas. Conéctate por un momento con el niño o niña juguetona que eres, aquel que mira el mundo desde la copa del árbol, o que tiene los pies metidos en la corriente fría de la quebrada;

el que juega con las olas y la arena, o se desliza en el tobogán. Ahora, mírate. En algún momento de la historia te volviste serio/a. ¿Te ves? ¿Puedes describir qué perdiste en el camino entre el gozo ingenuo y el deber autoimpuesto? ¿Puedes describir el modelo que creó *tu propia expectativa* sobre lo que debías o no ser para moverte en este mundo de competencia, negocios, y logros intelectuales y de todo tipo? ¿Al molde de quién ajustaste tu vida? Esa imagen de ti mismo, cuidadosamente elaborada a través del tiempo, esa misma que, para sobrevivir, ha ahogado a la de tu niño o niña de ocho años, es la que en este punto de la historia *tiene* que morir. Nada pierdes dejándola que fallezca. La creaste siguiendo un patrón que no responde a la llamada de tu alma.

Al desarrollar la habilidad de afirmarse que mencionábamos en uno de los segmentos anteriores, habrás encontrado que *solo tú eres tú*. Si eso es así, ¿por qué aceptar un empaque estandarizado, diseñado por otros, que sirve a los propósitos de otros pero que te ahoga? Tú, tu pequeño mundo, la sociedad en la que vives, el país y continente donde te encuentras, y el universo entero, se beneficiarán inmensamente cuando tu ser real aflore. Pero para eso, la imagen fabricada tiene que morir.

Volviendo a la historia de Paula, después de exponer los motivos que la llevaron a adoptar a Lucía y de la reacción de Julián, salen a flote la fragilidad de la relación de la pareja y el papel de Patricio en todos sus conflictos. Ninguna de las explicaciones que Paula da a su hija logran sosegarla. Por el contrario, su espíritu está perturbado. No es el único. Al relatar su historia personal, Paula ha traído del olvido recuerdos dolorosos que ahora siente en su cuerpo y, ante todo, la terrible sensación de haberse perdido a sí misma en una historia de vida que nada se parece a su verdadera esencia. Era más fácil ser la 'mamá ideal', proveedora del bienestar de su hija, la que estaba pendiente de sus avances, de sus terapias y de probar toda suerte de experimentos que prometieran una 'mejoría', que ser la mamá amorosa, comunicativa, que aceptaba la condición de su hija sin interpretarla como el 'castigo divino' por sus decisiones de la juventud. Era más fácil jugar a la 'súper mujer' que destapar las heridas de su pasado.

En ese momento Alberto llama desde la clínica veterinaria. Las heridas de Joy no están cerrando adecuadamente y están infectadas.

Paula se alista para salir, pero Lucía se niega a acompañarla. En este momento le dice a Paula que prefiere que Joy se muera. Su argumento es demoledor: si Paula la adoptó a ella y, en un determinado momento de su vida, la abandonó por sentirse incapaz de enfrentar las dificultades de su condición, ¿por qué ella, tendría que aceptar a un animal adoptado que va a quedar inválido? Ahora las heridas abiertas son las de madre e hija.

Paula, devastada, cae en el sillón. Trata de recomponerse. A lo largo de su vida le ha dado todas las explicaciones del caso sobre la decisión de prepararla para que viva sola y en este momento, ese baldado de agua fría es lo que menos necesita. Paula entiende que Lucía está confundida por tantas emociones y reconoce que lo mejor es no decidir aún. Convienen que lo mejor será tomar la decisión cuando conozcan la gravedad de la situación.

Paula y Lucía llegan a la veterinaria. Alberto las está esperando en la puerta. Las noticias no son buenas. Joy sufre. Paula tiene que decidir entre prolongar el sufrimiento de Joy e intentar salvarla, o autorizar la eutanasia. Paula necesita tiempo para decidir. El veterinario le da un día.

Las lágrimas inundan los ojos de Paula y de Lucía. Cada una llora algo diferente. Lucía llora a su perro. Paula se llora a sí misma. Se ha liberado de sus secretos y ha abierto de nuevo sus heridas. Llora a la súper ejecutiva que se dijo ser y que no es. Llora a la madre que ha seguido las instrucciones de los consejeros a pesar de querer actuar de manera diferente. Llora a la imagen de súper mujer que ha construido de sí misma; las llora, porque la ejecutiva, la súper mujer y la súper madre, acaban de morir.

A la armadura le llegó su hora. Tal como sucede con el cascarón de las semillas que se resquebraja con el agua y con los minerales del suelo fértil para germinar, algunas veces las lágrimas o el sufrimiento son los que rompen la sólida armadura que encapsula a la esencia de nuestro ser. En el ciclo del eterno retorno, la muerte es la antesala de la resurrección.

Alberto, Paula y Lucía regresan a su pueblo y le avisarán a veterinario cuál es su decisión a la mañana siguiente. En el viaje de regreso hay silencio total. Paula no sabe aún qué hacer... Al llegar al edificio, Alberto las invita a tomar un chocolate caliente. Las defensas de Paula están por el suelo. Teme ser frágil, pero sabe que, si quiere encontrar un camino nuevo, tiene que abrazar su vulnerabilidad.

Paula y Lucía entran al apartamento y recogen los juguetes de Joy mientras Alberto llega con el chocolate prometido. Cuando abre la puerta viene además con una pequeña caja de cartón de algunas pertenencias que Paula le pidió botar años atrás cuando todavía ella era tan joven como lo es ahora Lucía. Alberto supone que el reencuentro de Paula con algunos de sus recuerdos podrá aliviar el dolor colectivo.

Paula saca de la caja algunos objetos: las tirillas de la entrada al cine con sus amigos, la banderola de su equipo de basquetbol, el libro de poemas escrito en clase de literatura, su cámara fotográfica... aquella que su papá le regaló en sus quince años y que la acompañó hasta que, sin proponérselo, tomó aquella foto de Julián con Patricio... su corazón está sensible y sus emociones a flor de piel. Siente que sus niveles de vulnerabilidad están cada vez más altos. Todos aquellos mecanismos que puso en marcha años atrás para protegerse y para resguardar la integridad de su 'semilla' han caído al piso. Desprovista de barreras abraza su dolor y al hacerlo, empieza a sentir que la vida vibra en su interior. Ha empezado el milagroso proceso de germinar a una nueva vida.

En el fondo de la caja hay un paquete envuelto en papel. Lo abre. Es Mao. Paula se remonta a sus ocho años. En la fiesta de cumpleaños de su mejor amiga rifaron un hermoso gato blanco de peluche que cerraba y abría los ojos como si tuviera vida. Después de una primera ronda de adivinanzas su amiga acertó con el número ganador pero su madre consideró 'de mal gusto' que la anfitriona se quedara con el regalo sorpresa y lo volvió a rifar. En esta segunda oportunidad, Paula se lo ganó. Lo llamó Mao y lo tuvo en sus brazos el resto de la tarde. Su amiga no quedó contenta con la situación e hizo pataleta. Paula, sin entender claramente qué pasaba, sintió que el ambiente se enrarecía. Su mamá decidió que era hora de marcharse.

Paula puso a Mao cerca de su abrigo mientras se despedía y el gato desapareció. Ella se negó a partir hasta encontrarlo y todos se dieron a la tarea de buscarlo. En un determinado momento, Paula y la mamá anfitriona, entraron a la habitación de su amiga y la encontraron con tijeras en la mano arruinando al hermoso peluche del gato. Le había sacado ya un ojo y le había cortado el pelo.

Después de ver al peluche arruinado, la mamá de la amiga le insistió que lo dejara, que ella le compraría uno nuevo, pero Paula no aceptó. *Ese* era el gato que ella había abrazado toda la tarde y no lo abandonaría. Simplemente le ayudaría a volver a ser tan bello como antes. Lo peinaría diferente, le pondría un gran moño rosado, le reemplazaría el ojo de alguna manera.

Paula recuerda el sentimiento de dolor que le produjo el incidente, así como la reacción de su propia mamá. En aras de mantener el 'deber ser', era necesario aparentar que nada grave estaba sucediendo y que no había dolor. ¡Cuánto aprendió Paula esa lección! Durante años reprimió sus sentimientos hasta llegar el punto en que se adormecieron. La pequeña figura de un gato de peluche muy averiado, los despierta. Su cuerpo se estremece aún después de muchos años de lo sucedido. Sus ojos se humedecen. Recuerda el rostro aterrorizado de su amiga al ser descubierta y la vergüenza que no le permitió levantar la mirada por un largo rato. Es capaz, ahora, de sentir el dolor, la tristeza y la rabia de su amiga, una gran dosis de perdón por la destrucción de Mao, y una ola de compasión por algo que ahora, con el paso de los años, percibe como una injusticia de la madre.

Conectarse con su infancia le permite a Paula recordar quién es ella en realidad y abrazar su ser verdadero. Al abrir su corazón y exponer sus heridas, Paula se ha expuesto a sus dolores, a su fragilidad, a su vulnerabilidad; en ese instante una fuerza interior se despierta en ella. La misma fuerza profunda y vital que la impulsó en la tarea de revivir a Mao: ¿Quién dice que la alegría debe morir? ¿Por qué claudicamos ante los obstáculos? ¿Por qué huimos? -se pregunta.

En la revisión de nuestra propia historia hemos recordado los muchos momentos en que el instinto de supervivencia, bien sea físico, mental o emocional, nos ha llevado a superar barreras y a emprender pequeños o grandes actos heroicos. Esa energía es la fuente de donde nos nutrimos para recordar aquello que se activa cuando recuperamos nuestro poder personal. Sintonizar esta fuerza con nuestro carácter divino despierta la grandeza del espíritu humano y de todo aquello que es capaz de lograr.

¿Qué es entonces aquello que tiene que morir? El miedo. El miedo que mantiene plegadas nuestras alas... el miedo que nos lleva a abandonar los sueños, que nos hace huir ante los obstáculos o cuando suponemos que no seremos los mejores... el miedo a Ser, a manifestar lo mejor de nosotros... deben morir las vergüenzas y las culpas, las máscaras, las armaduras, la necesidad de controlar a los demás, la insatisfacción y el perfeccionismo que de ella se deriva, la incapacidad de hablar nuestra verdad, los prejuicios y el juicio. En el momento de apertura a la *realidad tal como es*, se revela la verdad.

En ese instante sagrado de inocencia pura, brota la fuerza vital. Emerge la vida contenida en la semilla, la vida auténtica y espontánea. Paula trasciende su propia piel y su limitado universo, y se conecta con su Ser y el Ser de un otro *en el cual se reconoce* como si estuviera viéndose en un espejo. Es el aliento de la resurrección, el resultado de la entrega, el efecto de la compasión consigo mismo y con los demás. Es el instante del héroe.

La vulnerabilidad como muestra de coraje, ha puesto al ego en su lugar y nos ha preparado para despertar a lo que somos, a nuestra presencia en acción, a florecer y emerger en nuestra dimensión real.

Paula, al verse como ella *es,* hace la paz con su pasado, con su amiga, con Julián y, ante todo, con ella misma. Perdona y se perdona. Tras el rápido inventario que hace de su vida, se restaura de las culpas infinitas de haber hecho o dejado de hacer, y de la vergüenza de 'no ser suficiente', e integra las distintas experiencias de su realidad externa a su sentido de *ser,* perfecta como es, y Una con la Fuente.

Es el momento de fortalecer una nueva habilidad: **manifestarnos.**

Manifestarnos es dejar que ese yo integrado y auténtico, libre de máscaras e imposiciones, emerja, salga y ofrezca a la vida nuestro potencial y calibre. Es el retorno a nuestra dimensión sagrada. El perdón y la compasión serán la prueba final de la grandeza del espíritu humano; un momento de purificación emocional, corporal, espiritual y mental.

Tendremos que estar atentos. El ego hará lo que esté a su alcance para impedir que lleguemos a este punto. Nos dará razones válidas. La manifestación auténtica será su prueba de fuego porque al dar espacio a la vulnerabilidad hemos despertado a las emociones y sentimientos adormecidos.

También Paula recorre este camino. Después del instante de inocencia, su mirada de la realidad le devela un mundo diferente. No tiene sentido seguir huyendo de sí misma, de su amor por la fotografía, o de su hija, así como carece de lógica, en este punto, dejar de luchar por la vida de Joy. Llama al veterinario y le expresa su decisión de hacerse cargo de Joy, cualquiera que sea su condición, si logra sobrevivir. Ratifica la renuncia a su antiguo trabajo, dispuesta a encontrar algo que resuene con su verdadero ser. Ha puesto punto final a la huida.

Práctica 12: Entregarnos y manifestarnos

- ✓ Realiza un listado de las expectativas que has creado en relación con quién crees o quieres ser.
- ✓ Escríbele una carta a tu Ser, reconociéndolo y liberándolo de las expectativas.
- ✓ Describe tu semilla y lo que quiere emerger.
- ✓ Cultiva una pequeña planta que sirva de símbolo de tu propio Ser. Riégala y cuídala. Ella te recordará lo que es realmente importante.

En la vida real...

- ✓ Desarrollar esta habilidad te ayudará a ver que en ti habita algo más grande, más sabio y más profundo.
- ✓ Te preguntarás: ¿quién soy al emerger de nuevo? ¿Cómo puedo manifestar mi grandeza?
- ✓ Entenderás que detrás de tu búsqueda hay un propósito que te conecta con un bien mayor.

Ejercicio 12: Muerte y resurrección

La muerte y la resurrección en la 'Experiencia poderosa'

- Cuando la 'Experiencia poderosa' era una adversidad, ¿Cómo te confrontó con tu propio ser?
- Al superarla, ¿qué parte de ti murió en la transformación?
- ¿Quién renació?
- ¿Qué cambió en ti?

La muerte y la resurrección en la búsqueda actual

- Trasládate a tu búsqueda actual. ¿Qué te confronta con tu propio ser?
- ¿Cómo te habías idealizado?
- Describe qué parte de ti muere y quién es la persona que renace en la historia.
- ¿Qué ha cambiado en ti?
- ¿Cómo te ves ahora?
- ¿Dónde se encuentra ahora tu poder personal?

Decimosexta habilidad: Compartir

(El retorno con el elixir en el viaje del héroe)

Días después, Paula y Lucía tocan la puerta del apartamento de Alberto. Quieren compartir con él la buena nueva. Paula ha firmado contrato con una revista digital y se dedicará de lleno a la fotografía. Su búsqueda real ha terminado. La tarea que le queda es alimentar su rutina diaria con trabajo consciente, con su presencia en el ahora, con foco, silencio, reflexión, meditación, actos amables y compasión. Será la mensajera de un estilo de vida que irradia paz. Otros se verán impactados con su acción. Sonreirá y estará abierta a mostrarse vulnerable cuando sea necesario. Será humana.

Es hora de celebrar la vida, y eso es lo que Joy representa en este momento para Paula. Le agradece haber sido el punto de partida de este viaje y el haberle ayudado a reconocer que, al final de cuentas, todo es perfecto. Julián y Patricio se unen a la celebración. Patricio ha diseñado una prótesis para que Joy pueda continuar su vida normalmente.

En todos nosotros, cuando se abre la puerta de la bondad, florece lo mejor que somos y que tenemos para ofrecerle al mundo. Por eso, en esta etapa final del camino, la habilidad que desarrollamos es el *compartir.* Retornar con el elixir es la posibilidad de hacer a los otros partícipes de nuestra experiencia. Una experiencia que es la expresión misma de la Presencia que se expande y que impacta a todos.

Paula no habría llegado a este punto si no hubiera vivido los altibajos de su experiencia. Todos los tropiezos, caídas, errores o equivocaciones del pasado, han sido perfectas lecciones que era necesario superar. No hay lugar para remordimientos ni para considerar tiempo perdido.

Compartir en el contexto de este viaje de transformación implica además celebrar el retorno, festejar la transformación y el viaje. Hay muchos motivos para dar cabida al espíritu festivo, para agradecer y brindar por las conquistas internas y externas.

Práctica 13: Compartir

- ✓ Reúne a aquellas personas que más amas y comparte con ellas este viaje.
- ✓ Realiza algún rito de celebración. Festeja el valor que has tenido de emprender tu búsqueda. Celebra la fuerza vital que te acompaña.

En la vida real...

- ✓ Esta habilidad te ayuda a entender los ritos y las ceremonias como puntos finales o títulos de los distintos capítulos de la vida.
- ✓ Entiendes que celebrar es una forma de compartir.
- ✓ Entiendes que compartir duplica o triplica el gozo.

Ejercicio 13: El retorno con el elixir

➢ Compila los distintos pasos de tu 'Experiencia poderosa' y los pasos de la búsqueda actual.

➢ Compáralos.

➢ Siente la energía que se mueve en cada uno de ellos y la forma como esa energía te sirve de ancla para encontrar el poder en cada momento de tu historia presente y futura.

➢ Ahora que lo ves, ¿Cómo crees que puedes expresar lo mejor de ti?

➢ ¿Qué es lo mejor que le puedes ofrecer al mundo?

➢ Ahora, celebra y disfruta los logros de este maravilloso viaje.

Recordemos brevemente lo que ha pasado:

Al aplicar cada una de las etapas de este viaje a la tarea de recuperar nuestro poder personal, nos damos cuenta de la potencia y el efecto que tienen los pensamientos y las palabras que usamos para referirnos a nosotros o a los demás, y el impacto de las historias que nos decimos; cualquier insistencia que se haga sobre cuidarlos es ínfima frente a la magnitud de lo que son capaces de generar.

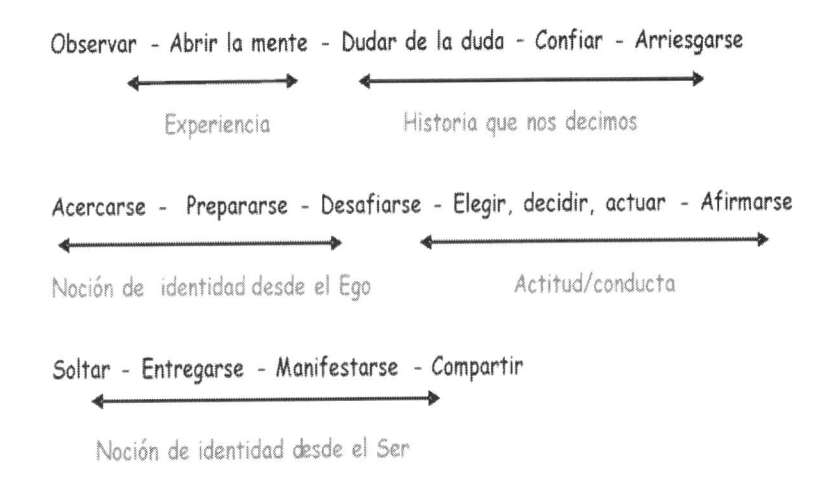

Observar - Abrir la mente - Dudar de la duda - Confiar - Arriesgarse

Experiencia   Historia que nos decimos

Acercarse - Prepararse - Desafiarse - Elegir, decidir, actuar - Afirmarse

Noción de identidad desde el Ego   Actitud/conducta

Soltar - Entregarse - Manifestarse - Compartir

Noción de identidad desde el Ser

Es hora de asumir una nueva narrativa cuya fuerza nos sintonice con la práctica activa y eterna de la gratitud. Cuando hemos puesto punto final a la condición de víctima y decidimos apreciar cada instante y las enseñanzas que nos deja cada experiencia, nuestro sentido de valor personal en el terreno de las percepciones se sintoniza con aquel que guarda nuestro corazón.

Dejar ver quién somos en realidad; amar con todo nuestro corazón el instante presente y todo lo que hay en él; abrazar nuestro camino con integridad, agradecimiento, coherencia y autenticidad, y ejercer una responsabilidad gozosa, nos permite ser ***héroes de nuestra propia historia.***

ANEXOS

ANEXO 1

ABRAHAM MASLOW – JERARQUÍA DE NECESIDADES

Auto-realización:
Logro del completo potencial incluyendo las actividades

Reconocimiento:
Autorreconocimiento confianza, respeto, éxito, sentido de logro.

Afiliación:
Amistad, afecto, intimidad sexual.

Seguridad:
Seguridad física, económica, de recursos, de empleo, moral, familiar, de salud, de propiedad privada.

Necesidades fisiológicas:
Respiración, alimentación, descanso, sexo, homeostasis.

Manfred Max Neef –

Necesidades según categorías axiológicas y existenciales.

Necesidades según categorías axiológicas	Necesidades según categorías existenciales			
	1. Ser	2. Tener	3. Hacer	4. Estar
Subsistencia	Salud física, salud mental, equilibrio, solidaridad, humor, adaptabilidad.	Alimentación, abrigo, trabajo.	Alimentar, procrear, descansar, trabajar.	Entorno vital, entorno social.
Protección	Cuidado, adaptabilidad, autonomía, equilibrio.	Sistemas de seguros, ahorro, seguridad social, sistemas de salud, legislaciones, derechos, familia, trabajo.	Cooperar, prevenir, planificar, cuidad, curar, defender.	Contorno vital, contorno social, morada.
Afecto	Autoestima, solidaridad, respeto, tolerancia, generosidad, receptividad, pasión, voluntad, sensualidad, humor.	Amistades, pareja, familia, animales domésticos, plantas, jardines.	Hacer el amor, acariciar, expresar emociones, compartir, cuidar, cultivar, apreciar.	Privacidad, intimidad, hogar, espacios de encuentro.

Entendimiento	Conciencia crítica, receptividad, curiosidad, asombro, disciplina, intuición, racionalidad.	Literatura, maestros, método, políticas educacionales, políticas comunicacionales.	Investigar, estudiar, experimentar, educar, analizar, meditar, interpretar.	Ámbitos de interacción formativa, escuelas, universidades, academias, agrupaciones, comunidades, familia.
Participación	Adaptabilidad, receptividad, solidaridad, disposición, convicción, entrega, respeto, pasión, humor.	Derechos, responsabilidades. Obligaciones, trabajo.	Afiliarse, cooperar, proponer, compartir, discrepar, acatar, dialogar, acordar, opinar.	Ámbitos de interacción participativa, partidos, asociaciones, iglesias, comunidades, vecindarios, familias.
Ocio	Curiosidad, receptividad, imaginación, despreocupación, humor, tranquilidad, sensualidad.	Juegos, espectáculos, fiestas, calma.	Divagar, abstraerse, soñar, añorar, fantasear, evocar, relajarse, divertirse, jugar.	Privacidad, intimidad, espacios de encuentro, tiempo libre, ambientes, paisajes.
Creación	Pasión, voluntad, intuición, imaginación, audacia, racionalidad, autonomía, inventiva, curiosidad.	Habilidades, destrezas, método, trabajo.	Trabajar, inventar, construir, idear, componer, diseñar, interpretar.	Ámbitos de producción y retroalimentación, talleres, ateneos, agrupaciones, audiencias, espacios de expresión, libertad temporal.

Identidad	Pertenencia, coherencia, diferenciación, autoestima, asertividad.	Símbolos, lenguajes, hábitos, costumbres, grupos de referencia, sexualidad, valores, nomas, roles, memoria histórica, trabajo.	Comprometerse, integrarse, confrontarse, definirse, conocerse, reconocerse, actualizarse, crecer,	Socio-ritmos, entornos de la cotidianeidad, ámbitos de pertenencia, etapas madurativas.
Libertad	Autonomía, autoestima, voluntad, pasión, rebeldía, audacia, asertividad, apertura, determinación tolerancia.	Igualdad de derechos.	Discrepar, optar, diferenciarse arriesgar, conocerse, asumirse, desobedecer, meditar.	Plasticidad espacio-temporal.

ANEXO 2

NECESIDADES – SENTIMIENTOS ASOCIADOS.
CENTRO PARA LA COMUNICACIÓN NO VIOLENTA,

Necesidades y valores que todos queremos en nuestras vidas	
AUTONOMÍA	Elección, dignidad, libertad, independencia, autoexpresión, espacio, espontaneidad.
CONEXIÓN	Aceptación, afecto, aprecio, autenticidad, pertenencia, cuidado, cercanía, comunicación, comunión, comunidad, compañerismo, compasión, consideración, empatía, amistad, inclusión, inspiración, integridad, intimidad, amor, reciprocidad, nutrir, asociación, presencia, respeto, respeto por uno mismo, seguridad, autoaceptación, autocuidado, auto conexión, autoexpresión, realidad compartida, estabilidad, apoyo, saber y ser conocido, ver y ser visto, confianza, comprensión, calidez.
SIGNIFICADO	Conciencia, celebración, desafío, claridad, competencia, conciencia, contribución, creatividad, descubrimiento, eficiencia, efectividad, crecimiento, integración, integridad, aprendizaje, duelo, movimiento, participación, perspectiva, presencia, progreso, propósito, autoexpresión, estimulación, comprensión.
PAZ	Aceptación, equilibrio, belleza, comunión, facilidad, ecuanimidad, fe, armonía, esperanza, orden, paz mental, espacio.
BIENESTAR FÍSICO	Aire, cuidado, comodidad, comida, movimiento / ejercicio, descanso / sueño, seguridad (físico), autocuidado, expresión sexual, refugio, tacto, agua.
JUEGO	Aventura, emoción, diversión, humor, alegría, relajación, estimulación.

Sentimientos asociados con las necesidades satisfechas:	
Me siento:	
AFECTIVO	Compasivo, aficionado, amoroso, abierto, tierno, cálido.
COMPROMETIDO	Absorto, curioso, encantado, cautivado, en trance, fascinado, interesado, intrigado, involucrado, abierto, hechizado, estimulado.
EMOCIONADO	Asombrado, ardiente, excitado, deslumbrado, enérgico, animado, entusiasta, exuberante, vigorizado, apasionado, sorprendido, vibrante.
REGOCIJADO	Cautivado, radiante, electrificado, eufórico, lleno de alegría, emocionado.
AGRADECIDO	Agradecido, emocionado.
FELIZ	Divertido, feliz, alegre, encantado, extasiado, eufórico, vertiginoso, jubiloso, contento, complacido, entusiasta.
ESPERANZADO	Confiado, expectante, jazz, alegre, optimista,
INSPIRADO	Asombrado, entusiasmado, motivado, conmovido, emocionado, estimulado, agitado.
PACIFICO	Tranquilo, cómodo, centrado, contenido, ecuánime, realizado, suave, abierto, relajado, aliviado, satisfecho, sereno.
ACTUALIZADO	Recargado, rejuvenecido, renovado, descansado, restaurado, revivido.

Sentimientos asociados con las necesidades NO satisfechas:	
Me siento:	
IRACUNDO	Agravado, enojado, animoso, molesto, despreciado, descontento, enfurecido, exasperado, furioso, odioso, hostil, indignado, iracundo, irritado.
CON AVERSIÓN	Horrorizado, molesto, disgustado, con aversión, enemistad, furioso, odio, repulsión.
CONFUNDIDO	Ambivalente, desconcertado, en conflicto, aturdido, desorientado, perplejo, desgarrado.
DESCONECTADO	Apático, aburrido, cerrado, distante, indiferente, entumecido, retraído.
INQUIETO	Agitado, alarmado, preocupado, angustiado, desconcertado, consternado, perturbado, frustrado, nervioso, inquieto, conmocionado, sorprendido, turbulento, incómodo, molesto.
TURBADO	Avergonzado, disgustado, desconcertado, nervioso, mortificado, cohibido.
FATIGADO	Con latido, quemado, agotado, apático, caído, somnoliento, cansado, aniquilado.
MIEDOSO	Temeroso, ansioso, aprensivo, preocupado, con presentimiento, cauteloso, inseguro, receloso, desconfiado, aterrorizado, petrificado, asustado, tembloroso, inquieto, receloso,
ADOLORIDO	Con dolor, agonía, angustia, devastación, dolor, desconsolado, hambriento, dolorido, solitario, miserable, arrepentido.
TRISTE	Deprimido, abatido, desesperado, infeliz, desilusionado, desanimado, desalentado, desamparado, melancólico, pesado, sin corazón, sin esperanza, miserable.
TENSO	Ansioso, cerrado, angustiado, nervioso, inquieto, agotado, frustrado, abrumado, estresado, exhausto.
NOSTÁLGICO	Con anhelo, nostalgia, lánguido.

AGRADECIMIENTOS

Agradezco a Ana María Echeverri, María Cecilia Trujillo, Carmen María Jaramillo, Juan Sebastián Cifuentes, Guillermo González Uribe, Katherine Moreno Sarmiento, Catalina Del Castillo y María José Posada Venegas, por el impulso que le dieron a esta aventura y por sus aportes conceptuales y estilísticos.

A Sandra Donoso, Peggy Budd y Marcella Corroeli-Jager, por su apoyo permanente. A las personas que han asistido a los cursos y conferencias por su generosidad al momento de hablar de sus vivencias, y a quienes han sido mis clientes en el ejercicio profesional del Coaching Transpersonal por enriquecer mis saberes con sus relatos.

A todos aquellos que me han inspirado: Alan Baker en la Escuela Superior de Cine y Audiovisuales de Cataluña, tutores, coaches y compañeros de la Escuela Transpersonal de Coaching de Madrid, y a las distintas personas que a lo largo de la vida han compartido conmigo sus experiencias.

A los diferentes autores y personajes que han nutrido mi espíritu, mente y corazón, y me han aproximado a mí misma, entre ellos, Joseph Campbell, Christopher Vogler, Julia Cameron, Robert Mc Kee, Linda Seger, Thomas Moore, Stanislav Grof, Eckhart Tolle, Jon Kabat-Zin, Brené Brown, Deepak Chopra, Michael Bernard Beckwit, Ophra Winfrey, Napoleón Hill y Wayne Dyer, entre otros.

Por último, agradezco al lector que tiene este libro en sus manos. Mi mayor deseo es que éste sea su compañero en la tarea desafiante y gozosa de tomar en sus manos las riendas de su vida.

ACERCA DE LA AUTORA:

Susana Silva V.

Coach Transpersonal, Licenciada en Comunicación Social – Periodismo en Colombia con Máster en Escritura para Cine y Televisión de la Universidad Autónoma de Barcelona. Cuenta con experiencia profesional como documentalista, directora y productora de televisión cultural y educativa, y como directora de proyectos de comunicación para el desarrollo social. Ha sido profesora de Escrituras Creativas y Guión.

Su experiencia como entrevistadora le abrió las puertas al rol de catalizadora en procesos de transformación personal. Está dedicada desde hace varios años al estudio y búsqueda del Ser; fruto de esta búsqueda, propone "El poder de tu historia", como un conjunto de prácticas y conceptos que se cimentan en las estructuras dramáticas de la ficción y en los principios de la no-ficción, y que nos ayudan a encontrar respuestas a las preguntas existenciales de qué somos, cómo somos y para qué vivimos.

Comparte tu experiencia en las redes sociales. Háblanos de tu historia, de aquella frase del libro que más resuena contigo o de tu Experiencia Poderosa usando @elpoderdetupropiahistoria

www.susanasilvav.com

Contacto: susana@susanasilvav.com

Made in the USA
Lexington, KY
10 November 2019